Gebäudeenergiegesetz

Informationen für

IMMOBILIENEIGENTÜMER

Günter Kohlbecker

Gebäudeenergiegesetz
Informationen für
IMMOBILIENEIGENTÜMER

Bestandsanalyse, Maßnahmen, Umsetzung, Wirkung, Kosten

Bau-Rat: BLOTTNER

Dieses Buch erscheint in der Reihe „Bau-Rat:“

Bibliografische Informationen der Deutschen Bibliothek: Die Deutsche Bibliothek verzeichnet diese Publikation in der Deutschen Nationalbibliographie; detaillierte bibliographische Daten zu diesem Werk sind im Internet über http://dnb.ddb.de abrufbar.

Für eine bessere Lesbarkeit wird in diesem Buch nur die männliche Form verwendet. Die verwendeten Bezeichnungen beziehen sich aber ausdrücklich auf alle Geschlechter.

Titelfoto: iStockphoto, aprott 1340938250
Grafiken von freepik Seiten 8, 11, 17–23, 39, 51, 52, 76, 79
Ausschnitt Energieausweis Seite 86, www.sparkasse.de
Herstellung, Layout, Umschlag: Blottner Verlag
Lektorat: Blottner Verlag

1. Auflage 2024

ISBN 978-3-89367-163-2 / Print on Demand 2024 Deutschland

Inhaltsverzeichnis

1 Einführung

Die Klimaerwärmung ist nicht mehr wegzudiskutieren. Sie kam langsam, zum Teil in Zeiträumen über Generationen hinweg. Der Nachteil für uns ist, dass wir es erst zeitversetzt oder nur indirekt merken, und dann können wir nicht sofort gegensteuern. Beispiele sind die nachlassende Bindekraft des Permafrosts, die Steinschläge im Hochgebirge auslöst, oder die Abschmelzung der Gletscher, die zum Anstieg der Meeresspiegel und zu einer Erhöhung der globalen Temperatur führt, sowie die steigenden Wassertemperaturen in den Ozeanen, die nicht nur das Sterben der Meeresbewohner mit sich ziehen, sondern auch Wetterextreme begünstigen.

Die Erhöhung der Treibhausgase in der Atmosphäre entsteht unter anderem durch das Verbrennen fossiler Brennstoffe, zum Beispiel durch das Heizen in Wohngebäuden. Ebenso ist erkennbar, dass die Klimaerwärmung auch die Forderung nach kühlen Räumen ankurbelt und somit ein Mehrfaches an Energie verbraucht wird. Die Konsequenz daraus ist für uns, die Art des Heizens auf Klimaneutralität umzustellen und auch das Umfeld gegen die Erwärmung zu wappnen. Ein Schwerpunkt ist durch die Regierung beim Thema Heizung gesetzt worden.

Die sich abzeichnende Klimakatastrophe fordert damit von allen ein Umdenken und oftmals auch ein Ändern der Lebensgewohnheiten – eventuell verbunden mit einem Wohlstandsverlust.

Also ist es jetzt an der Zeit, dass sich Haus- und Wohnungseigentümer Gedanken machen, wie sie durch Änderungen bzw. Anpassungen am und im eigenen Gebäude ihren Teil zur Verhinderung der Erderwärmung beitragen können.

Dabei ist zu bedenken: Bei einem Gebäude bewirkt jede Änderung, auch an einer noch so kleinen Stelle, eine Verschiebung beziehungsweise Änderung an einer anderen Stelle. Manches davon spürt man schnell, anderes bleibt lange unbemerkt, einiges kann rückgängig gemacht werden, anderes ist unumkehrbar, manche Änderungen sind durch Gesetze gefordert, andere durch vorausschauendes Denken.

Alle Maßnahmen belasten den Geldbeutel. Die Kosten für Material, Handwerker etc. fallen sofort an, die entstehenden Einsparungen, z. B. bei den Strom- und Heizkosten, machen sich aber erst im Laufe der Zeit bemerkbar. Das führt dazu, dass Entschlüsse erst mal vertagt werden.

Für Eigentümer eines bestehenden Gebäudes gibt es unterschiedliche Betrachtungsansätze: Zum einen der eigene Be- und Zustand der Immobilie, zum anderen die Forderungen der Gesetze und die Zeit, bis wann etwas umgesetzt werden muss.

Wichtig ist es also, zuerst die in der Öffentlichkeit verwendeten Formulierungen zu definieren. Zu Beginn steht der Begriff „erneuerbare“ Energie. Er klingt abstrakt, deshalb hier der Versuch, ihn zu umreißen.

1.1 Erneuerbare Energien

Unter erneuerbaren Energien werden Energieträger verstanden, die unendlich zur Verfügung stehen bzw. in kürzester Zeit wieder nachwachsen können. Sie bilden das Gegenteil zu den fossilen Energieträgern wie Kohle, Gas und Öl, die auf endliche Ressourcen zurückgreifen. Die Gewinnung von Strom aus Kernkraftwerken scheidet ebenso aus, da die Probleme der Entsorgung weder überschaubar noch technisch lösbar sind.

Der Ausbau der erneuerbaren Energien trägt zur Nachhaltigkeit bei. Als erneuerbare Energien werden bezeichnet:

- Wasserkraft
- Solarenergie
- Windenergie
- Geothermie
- Biomasse

Die bei uns weit verbreiteten Energiearten der Öl- bzw. Gasheizungen sind zwar nicht erneuerbar, dürfen aber noch geraume Zeit in Betrieb bleiben, bis sie durch Gesetz oder Altersschwäche ausgetauscht werden (müssen).

Jedoch auch die erneuerbaren Energien können zum Teil endlich verfügbar sein und unterliegen, z. B. beim Umwandeln von Wind in Strom, den technischen Möglichkeiten (genauer dem Wirkungsgrad), wirtschaftlichen Interessen, Transport sowie der Politik.

1.2 Erst dämmen, dann heizen

Das Dämmen eines Gebäudes ist vorrangig. Neben der Energieeinsparung für das Heizen bietet eine gute Dämmung auch Schutz vor Hitze. Das Problem liegt aber darin, dass der technische Aufwand zum Dämmen und damit die Kosten sowie der zeitliche Ablauf meist höher sind als das Umstellen der Heizart. Die Grundlage aller Überlegungen sollte die Dämmung des Gebäudes sein, da sich hieraus die Anforderungen an die Heizung ergeben (mitunter auch der Schutz gegen sommerliche Hitze). Die Wärmedämmung sollte den erwartbaren und prognostizierten Folgen der Klimaerwärmung entsprechen, da sonst das Risiko besteht, dass die teure Energie die Umwelt aufheizt. Ebenso ungut ist, wenn bei hochsommerlichen Hitzeperioden die Innentemperaturen – insbesondere nachts – den erträglichen Bereich übersteigen.

Wichtig: Die Überarbeitung des Heizkonzepts bedingt eine Überarbeitung von Schall- und Brandschutz, Dämmung und Lüftung.

Das A und O ist die Dämmung, jedoch sollte sie in sinnvoller Weise außen an der Fassade angebracht werden, und das verlangt im Regelfall einen Architekten als Planer, Energieberater und Profihandwerker.

Eine gute Dämmung hat für das Heizsystem zwei Vorteile:

1. Es werden weniger Brennmaterial bzw. Kilowattstunden (kWh) verbraucht.
2. Es kann mit geringeren Vorlauftemperaturen gefahren werden, was die Wirschaftlichkeit des Heizkonzepts erhöht.

1.3 Hoher vs. geringer Aufwand

Versetzen wir uns in die Situation des Eigentümers eines Einfamilienhauses. Der Gebäudebestand und die geplanten Maßnahmen können in die Bereiche „nur mit hohem Aufwand zu erzielende Effekte“ und „mit geringem Aufwand erreichbare Effekte“ unterteilt werden. Beide Bereiche sind eng miteinander verwoben, reichen weit in die Zukunft hinein und bedingen eine mehr oder weniger stark veränderte Lebensart.

Der mit hohem Aufwand zu erzielende Bereich ist der Schutz des Gebäudes gegen Kälte und Hitze. Damit kann die energetische Sanierung verbunden sein, bedingt durch die Vielfalt des Bestands und die Suche nach möglichen Lösungen. Dies ist die Leistung eines Architekten oder eines Energieberaters und nicht der Schwerpunkt des Buches.

Die Heizung und der Schutz gegen sommerliche Hitze, Lüftung und Kühlung hängen zusammen. Die Einhaltung von Grenzwerten der Heiz ungsemissionen wird über kurz oder lang vom Gesetzgeber gefordert und dem Umbau sind zeitliche Grenzen gesetzt. Das Ändern des Heizkonzepts ist mit etwas geringerem Aufwand – im Verhältnis zum Dämmen – schneller erreichbar. Gleich welche Lösung gewählt wird, sie wird und muss Jahrzehnte überdauern.

Jetzt wird man sich zwei Fragen stellen:

1. Was besitze ich?
Eine Antwort ergibt sich aus der Bestandsaufnahme bezüglich Zustands und Alters (mehr dazu in Kapitel 3 „Der Bestand").

2. Was muss ich tun?
Hier kommt die Antwort aus den Forderungen des Gesetzes und von wem und wie sie interpretiert werden können.

Die Fragen lösen eine Vielzahl von Antworten aus, die ineinandergreifen und weitere Fragen aufwerfen, nämlich:

Wer kann mir dabei helfen?
Hier sind es mehrere Bereiche, die Hilfestellung geben. Im Wesentlichen werden es sein
- für die Technik: Architekt, Fachingenieur, Energieberater, Fachfirmen)
- für die Finanzen: staatliche, kommunale Stellen, Steuerberater

Wichtig ist zu wissen, dass alle diese Hilfen Geld (in Form von Honoraren, Gebühren) und Zeit kosten.

Was will ich erreichen?
Die Antwort ergibt sich später aus den Gesprächen. Es wird ein aufwendiges Herantasten an die optimale Lösung sein. Ist ein erster Entschluss gefasst, wird das Ergebnis als Gedächtnisstütze schriftlich notiert.

Nun beginnt ein Herantasten an eine wirtschaftliche Lösung. Allein wird man die Fragen nicht beantworten können. Es bietet sich an, Gespräche mit unterschiedlichen Fachleuten zu führen, quasi ein Team zu suchen, mit dem man später zusammenarbeitet.

Die Antwort auf die Vorüberlegung
- Dämmung des gesamten Hauses
- oder nur Sanierung der Heizung

sollte reiflich bedacht werden, da von ihr der gesamte Umfang der Tätigkeiten abhängt und Zwischenlösungen nicht möglich sind.

Es könnte sich herausstellen, dass die Sanierung der Heizung in einem gering gedämmten Haus nicht zielführend bezüglich des Sparens von Heizkosten ist, da die Preise für Energie mutmaßlich steigen werden – über kurz oder lang steht die Überarbeitung der Gebäudehülle an. Den Vorteil einer verbesserten Dämmung erkennt man an der nächsten Heizkostenabrechnung – wenn man die Zahl der Kilowattstunden vergleicht. Bei der Heizungssanierung gelingt ein geringerer Verbrauch durch den besseren Wirkungsgrad des Heizsystems.

1.4 Die Auswahl des Teams

Nun beginnt die Überlegung: Wer kann die Probleme lösen? Liegt der Schwerpunkt nur beim Überarbeiten des Heizkonzepts oder ist eine umfassende energetische Sanierung erforderlich?

Beginnen wir mit dem Fall der Dämmung. Sie umfasst das ganze Gebäude und beim Durchdenken bzw. bei der genaueren Planung treten meist Lösungen für Heizung und Lüftung auf. Es ist ein Bereich, den Architekten abdecken. Sie sind es gewohnt, den gesamten Umfang „Haus“ zu planen. Wobei sie auf die Hilfe der Fachingenieure zurückgreifen. Bei Architekten und Ingenieuren sind Honorar und Haftung über die HOAI geregelt. Wird ein Energieberater hinzugezogen, ist beides zu vereinbaren. Die Letztgenannten beraten produktneutral, lässt man sich vom Handwerker beraten, so ist die Beratung im Angebotspreis enthalten. Gleichgültig welche Form man wählt, bei allen geht man länger dauernde Bindungen ein.

Bei den verschiedenen Informationen und Gesprächen kommt man mitunter auf Lösungen, die auf den ersten Blick schlüssig scheinen, bei näherer Betrachtung aber nicht sinnvoll sind und verworfen werden. Man sollte die Gedanken notieren, die unsinnig scheinenden Lösungen einfach durchstreichen, das hat den Vorteil, wenn der Gedanke erneut aufkommt, dass man sich daran erinnert und weiß, warum man ihn nicht weiterverfolgt hat.

2 Generell

Der Entschluss, eine andere Heizanlage einzubauen, kann aus vielen Gründen kommen, denkbar ist zum Beispiel

- die Gesetzeslage,
- Fehleranfälligkeit des Bestands mit hohen Wartungskosten,
- verlockende finanzielle Hilfen,
- Innovationsfreude,
- Alter des Gebäudes und
- vieles mehr.

Entscheidend ist fast immer der Faktor Zeit. Man wird sich in Fachzeitschriften, Büchern, im Fernsehen, Internet oder in den sozialen Medien informieren, Kontakt zu Leuten aufnehmen, die man kennt, und ein oder mehrere Gespräche führen. Dabei werden sich einige bisher unbedachte Gesichtspunkte ergeben und weitere Fragen aufwerfen. Die wird man notieren, um eine Antwort zu suchen, auch um sie in das nächste Gespräch mit einem anderen Anbieter einfließen zu lassen. Vor dem geistigen Auge werden immer drei Parameter stehen, nämlich

Technik – Kosten – Zeit.

Hinweis: Eine schnelle Lösung gibt es nicht, das entstehende „Bauwerk" oder das wichtige Gewerk wird mehrere Jahrzehnte oder über Generationen funktionieren müssen.

So wird man sich an einen Lösungsweg herantasten und ein eigenes erstes Konzept erstellen. In diesem werden die vagen Aussagen über Kosten und Zeit, wie möglicher Beginn und Dauer, notiert. Bei den Dingen, die in Zeitungen, Zeitschriften, im Internet und anderswo zu lesen sind, sollte bedacht werden, dass sie von Erfahrungen des Schreibenden gefärbt sind und nicht mit den eigenen Gebäuden vergleichbar sind oder auf verklärender Erinnerung aufbauen.

Je nach Art des Bestands kann das einen großen (technischen, z. B. durch Veränderung der Gebäudehülle und des Heizsystems) Aufwand bedeuten und damit auch einen erheblichen Kosten- und Zeitaufwand nach sich ziehen. Die Lösungsmöglichkeiten, inkl. Alternativen, wird man im Regelfall gemeinsam mit Architekten und Fachingenieuren in Zusammenarbeit mit Steuerberater, Bank und Rechtsanwalt erarbeiten. Die Leitung und Führung liegen beim Eigentümer als Kapitalgeber. Das alles bedingt Zeit zum Durchdenken der Alternativen, die Zeit wird man sich nehmen, wenn man bedenkt, das Gebäude wird noch von den Kindern und Enkeln bewohnt werden.

3 Der Bestand

Bezogen auf Ein- und Zweifamilienhäuser ist der sogenannte Bestand äußerst vielfältig. Es gibt die folgenden Unterscheidungen nach:

Bauzeit:
- zum Beispiel bis zum Zweiten Weltkrieg
- dem Zeitraum des Wiederaufbaus, den 1970er- und 1980er-Jahren
- Materialknappheit wie in der DDR
- dem beginnenden Umweltbewusstsein
- dem Erkennen der Klimaerwärmung

Nutzung:
- mit der langsam wachsenden und später wieder schwindenden Familie
- Einzug eines Mieters in eine Einliegerwohnung
- Ausweichen in den Schrebergarten in der Freizeit
- wegen Platzmangels mit Auslagerungen in einen Anbau, Gartenhütte oder Carport
- zögerliche bzw. konsequente Wartung

Finanzsituation:
- Rücklagen bzw. Reparaturen im zeitlichen Rahmen der steuerlichen Abschreibung
- ohne Rücklagen

Rechtssituation:
- uneingeschränkter Eigentümer
- Eigentum mit finanzieller Bindung (Kredite)
- Eigentum mit Bindungen (z. B. Erbengemeinschaften, Erbpachtverträge)
- Eigentum mit Bindungen aus der Lage (Nachbar, Kommune usw.)

3.1 Bestandsaufnahme

Die Forderungen der Politik nach Klimaneutralität ist eine gute Gelegenheit, sich mit dem eigenen Gebäude zu beschäftigen und eine Art Bestandsaufnahme zu erstellen (Hilfestellung gibt hier Kapitel 8 „Bestandsunterlagen"). Sie umfasst auch den technischen Zustand inkl. Alter. Aufnahme des Bestands ist Grundlage jeder weiteren Planung. Sinnvoll kann es dabei auch sein, einen Blick in die Zukunft zu werfen und etwaige Erschwernisse des späteren Wohnens im derzeitigen Gebäude zu beseitigen, Thema Barrierefreiheit. Außerdem könnten weitere Überlegungen einbezogen werden, z. B. die eines anderen oder späteren Bewohners, wie Kinder oder Enkelkinder.

Erforderlich ist eine Kenntnis des Bestands auch im Hinblick auf die durch das Gebäudeenergiegesetz (GEG) angestrebten Änderungen. Diese Änderungen sollen dazu beitragen, dass die Erderwärmung das Maß von 1,5° C nicht übersteigt, die „endlichen" Ressourcen sparsam verwendet werden und der Energieverbrauch des Gebäudes (ausgedrückt in Kilowattstunden – kWh) nicht mehr als nötig steigt.

3.2 Das eigene Haus

Viele wünschen sich ein eigenes Haus und am besten eins, um das man „herumgehen" kann – das freistehende Einfamilienhaus. Die Folgen dieses Wunsches sind die Zersiedelung und das Anwachsen von Schlafstädten mit den bekannten Folgen für Infrastruktur und den Nahverkehr. Unterstützt wurde die Bautätigkeit durch die Banken mit relativ günstigen Krediten und mit Bausparverträgen.

Ein Haus ist für viele von uns etwas Besonderes, es ist der Lebensmittelpunkt. Es wurde teilweise unter Mühen erbaut und durch Verzicht auf andere Dinge jahrelang finanziert. Man ist darin alt geworden, hat die Kinder heranwachsen sehen, kennt seine Nachbarn zum Teil über Generationen.

Durch das Erkennen der wärmer werdenden Winter, der sich stetig ändernden Regen- und Trockenphasen und die zunehmende Berichterstattung werden die Forderungen zum Energiesparen akzeptiert, zumal sie dem Eigentümer auf lange Sicht Geld einsparen bzw. die ständig steigenden Energiepreise langsam bremsen sollen.

Jeder Eigentümer hat andere individuelle Vorstellungen bezüglicher der Sanierung seines Gebäudes. In Bezug auf seine persönliche Zukunft, die unter anderem von seiner Vergangenheit geprägt ist, durch die Informationsmenge von Zeitungen, Zeitschriften, Fernsehen, Internet etc., durch eine latente Unzufriedenheit mit der Wohnsituation. Das alles tröpfelt durch den Filter der Gegenwart und wird kombiniert mit den vorhandenen Finanzen und der aktuellen Lebenssituation, wie dem Alter, Veränderungen in der Familie oder der Sicherheit des Einkommens.

Die Klimaerwärmung möchte jeder bremsen, möglichst aber ohne Störung der eigenen Interessen. Gedanken über den Umbau der Heizung hat mich sich bereits gemacht, spätestens beim Bezahlen der jährlichen Brennstoffrechnung. Eine Hilfestellung für die Überlegungen kommt jetzt vom Gebäudeenergiegesetz. Das Umsetzen in die Praxis unter Berücksichtigung des Energiestandards für Wohngebäude von der Kreditanstalt für Wiederaufbau (KfW) erfolgt durch den Architekten, der auf Fachplaner zurückgreift.

4 Verästelung der Energieträger

Die Energieträger sind zum Betrieb eines Gebäudes unabdingbar. Es bestehen folgende Abhängigkeiten:

Technisch
Voraussetzung ist eine Planung des Energieträgers durch einen Fachmann, der in Absprache mit dem Eigentümern dessen Interessen vertritt.

Juristisch
Die Regelung erfolgt durch Gesetze des Bundes, des Landes und der Kommunen mit Verordnungen. Voraussetzungen sind Kenntnisse des Rechts (man benötigt einen rechtlichen Beistand).

Politisch
Da die Verlegung der Sparten (Leitungen) Eingriffe in die Rechte anderer ist, ist eine gesamtgesellschaftliche Lösung mit der Kommune unabdingbar. Es werden Absprachen mit den Nachbarn nötig sein, um Einflussnahmen und Kosten einzugrenzen und zu verringern.

Kaufmännisch
Die Lösungen kosten Geld, im Wesentlichen das der Kommune, es wird dann entweder von dieser vorgestreckt und zeitversetzt von den Eigentümern in Form von Gebühren verlangt oder unmittelbar vor der Baumaßnahme vom Eigentümer.

Zeitlich
Viele Verträge haben sehr lange Laufzeiten.

4.1 Interessenslagen

Die Kommune und private Firmen stellen dem Eigentümer mehrere Sparten gegen Gebühr zur Verfügung, je nach Größe und Interessenlagen der Kommune sind das:

Elektrizität
In Deutschland gibt es mehrere große Elektrizitätsversorgungsunternehmen, die mit Tochterunternehmen die Versorgung der Kommunen durchführen. Die Kleinverteilung erfolgt durch die Kommunen (hinsichtlich des Stroms siehe auch Kapitel 18 „Photovoltaik“).

Wasser
Wie die Klimaerwärmung zeigt, ist Wasser eine „endliche“ Ressource. Die Kommune erstellt ein Wasserverteilungssystem, u. a. gegliedert nach Trinkwasser, Brauchwasser, Regenwasser, Löschwasser. Angesichts der sich in einigen Bundesländern und Städten abzeichnenden Wasserknappheit können Auflagen hinsichtlich der Wasserentnahme zeitlich und mengenmäßig erlassen werden. Weitere Informationen kann z. B. der Dürremonitor des Helmholtz-Zentrums für Umweltforschung geben. Ein Schritt zur Schonung der Ressourcen ist die Installation eines Trink- und Brauchwassersystems im Gebäude. Das

Bundesministerium für Umwelt, Naturschutz, nukleare Sicherheit und Verbraucherschutz hat eine nationale Wasserstrategie erlassen.

Gas
Wird durch den Gesetzgeber eine Heizart gefordert, die erneuerbare Energien als Grundlage hat, so kann es sein, dass das vorhandene Gasnetz nicht mehr gebraucht wird und von der Kommune steuerlich „abgeschrieben“ werden muss, oder das Gasnetz wird so verändert (ertüchtigt), um Wasserstoff aufnehmen zu können.

Kommunikationsmedien
(Glasfaser/Kupferkabel) Telefon, Internet, PC, Laptop, Tablet usw.

Fernwärme
Die Art der Erzeugung ist von der wirtschaftlichen Lage (Industriestandort, Schwerpunkt Agrarindustrie, Wertstoffentsorgungskonzept usw.) der Kommune abhängig. Die Kommune stellt in Abhängigkeit der eigenen und regionalen Möglichkeiten Fernwärme zur Verfügung. Wird durch den Gesetzgeber eine Heizart gefordert, die erneuerbare Energien als Grundlage hat, so kann es sein, dass die vorhandene Fernwärmestation in einer angemessenen Frist umzubauen ist.

Wertstoffkonzept
Die Entsorgung, Einbindung in die Fernwärme und Weiterverarbeitung werden von der Kommune bestimmt.

5 Abhängigkeiten der Energieträger

Die von den Kommunen gestellten Energieträger sind zu verwenden. Die Lage ist in Plänen verzeichnet, bei einer Veränderung des Heizsystems hat der Planer dies zu berücksichtigen und eventuell eine Verschiebung der Lage zu veranlassen. Die Termine (Beginn – Dauer – Ende) werden von ihm in das Terminkonzept eingearbeitet, ebenso wird er die geforderten technischen Voraussetzungen auf Sinnhaftigkeit prüfen und etwaige Änderungen veranlassen.

5.1 Kommunale Wärmeplanung

Viele Kommunen haben nicht nur ein Strom- und Wassernetz, sondern auch ein Gasnetz. Der Gesetzgeber fordert im Gesetzestext, dass 65 Prozent der Heizart mit „erneuerbarer" Energie erbracht werden soll. Diese Regel hat die Kommune zu erfüllen, sie erstellt dafür eine kommunale Wärmeplanung. Unabdingbar für die Projektierung ist dabei ein Wärmekataster, in dem Ort und die Höhenlage der Häuser bzw. Grundstücke zu sehen ist und ob Erweiterungsflächen zur Bebauung ausgewiesen sind. Damit hat die Kommune die Möglichkeit, ein Fernwärmenetz zu erstellen.

Muss das vorhandene Gasnetz umgerüstet werden (auf 65 Prozent erneuerbare Energie) oder völlig neu gebaut werden, wird es von der Kommune steuerlich „abgeschrieben". Die Kosten dafür, ebenso die des neuen Fernwärmenetzes, streckt die Kommune vor und holt sich diese über die Gebühren vom Endverbraucher zurück.

Das gilt ebenso für den Umbau einer schon vorhandenen Fernwärmestation. Hier können regionale Gegebenheiten, z. B. Biomasse, berücksichtigt werden. Für den Hauseigentümer bedeutet der Wegfall von Gas nicht nur die Änderung der Heizung, sondern auch, falls vorhanden, seinen Gasherd durch einen Stromherd zu ersetzen. Das Umstellen von Gas auf Strom wird sich auch auf das Stromnetz im Haus auswirken. Das Energieversorgungsunternehmen (EVU) hat dabei zu berücksichtigen, dass sich dann Zahl und Leistung der Abnehmer erhöhen.

Das Ändern der Hausinstallation hat durch einen Fachmann zu erfolgen. In Bezug auf die Zeitachse ist man von der Kommune einerseits und von Fachbetrieben vor Ort andererseits abhängig. Mit beiden geht man schwer kündbare Verbindungen ein und schließt zusätzlich Wartungsverträge ab.

6 Gebäudearten

In diesem Kapitel werden die gängigen Gebäudearten dargestellt – mit den üblichen Schwachpunkten. Auch wenn die vorhandenen Beschreibungen nicht zu 100 Prozent auf die eigene Gebäudeart zutreffen, findet man bestimmt eine Gebäudeart, die dem eigenen Haus sehr ähnlich ist, und kann die Planungsschritte nachvollziehen.

Die Grundüberlegungen eines Eigentümers sind:

- Wie optimiere ich die Dämmung?

Vorgabe kann z. B. das Effizienzhaus sein, gemäß dem Energiestandard für Wohngebäude der Kreditanstalt für Wiederaufbau (KfW), bei dem Förderungen in Prozentsätzen des Primärenergiebedarfs ausgedrückt werden.

- Welches Heizsystem wähle ich und wie binde ich das vorhandene System am wirtschaftlichsten ein?
- Behalte ich das vorhandene Heizsystem bei und optimiere es?
- Ergibt eine Biomasseheizung (Pellets) einen Sinn (wegen der Veränderungen am Gebäude)?
- Welcher Aufwand am Gebäude ist für eine Heizung mit geringerer Vorlauftemperatur erforderlich?
- Welche Umbauarbeiten stehen am Gebäude sowieso in nächster Zukunft an?

Das Erarbeiten der Lösung ist Tätigkeit eines Architekten, der mit einem Fachplaner zusammenarbeitet und die Vor- und Nachteile der verschiedenen Lösungen darstellt und dem Eigentümer zur Entscheidung vorlegt.

Die individuellen Lösungen sind stark abhängig von dem Budget und der derzeitigen sowie der in Zukunft angestrebten Lebensweise. Alle Umbauten, soweit sie das Bild des Gebäudes betreffen (gestempelter Eingabeplan), sind mit der Behörde abzustimmen.

Allgemein: Die Veränderungen sollen einer energetischen Sanierung entsprechen, um mögliche Fördermittel beanspruchen zu können. Sie sollten – da zum Teil Absprachen mit der Kommune nötig sind – von einem Architekten oder Energieberater geplant werden. Vorab sollte geklärt werden, ob ein Fernwärmeanschluss in absehbarer Zeit zu erwarten ist.

Gebäudetyp A

Freistehendes Einfamilienhaus mit großem Garten

- Grundwasser in etwa 8 Meter Tiefe
- Alter 60 Jahre
- flach geneigtes Dach mit Wellasbestzementplattendeckung (Eternit)
- Belüftung durch Öffnungen in den Giebeln
- oberste Decke mit Glaswolle gedämmt
- Balkone thermisch getrennt
- Raumhöhe 2,70 Meter
- Erd- und Obergeschoß
- unterkellerte Raumhöhe 2,40 Meter
- Außenwände konventionelles Mauerwerk mit Putz
- Holzfenster – Isolierverglasung
- Wintergarten mit Flachdach
- Anbau und Lichtkuppel
- Heizsystem: Öltank im Vorgarten im Erdreich
- Kellerboden ungedämmt
- Kellerwände Feuchteschutz auf Bitumenbasis
- im Keller Heizzentrale mit Kessel für Heizung und Warmwasser, vorgerüstet für Brennstoff Holz
- Heizkörper mit Nischen vor den Fenstern
- Kamin an der Außenwand
- Sanitär- und Elektroinstallation nach dem Stand der Bauzeit

Denkbare Lösung für Gebäudetyp A

Dach und Dachneigung dürfen gemäß genehmigtem Eingabeplan nicht verändert werden. Wahrscheinlich sind die folgenden Tätigkeiten durchzuführen:

[ ] Abbau und Entsorgen der Asbestzementplatten
[ ] neuer Dachstuhl mit neuer Deckung, z. B. Bitumenfolie
[ ] Photovoltaikanlage
[ ] Entlüftung des Dachstuhls wird beibehalten
[ ] Entfernen der Glaswolle-Dämmung
[ ] Aufbringen einer Steinwolle-Dämmung wegen Brandschutz
[ ] Wärmedämmverbundsystem auf allen Seiten wegen besserer Dämmung
[ ] Austausch Holzfenster gegen Kunststofffenster mit U-Wert 1,0, vorgerichtet für außen liegenden Sonnenschutz,
[ ] Fensterbänke Aluminium (wegen anderer Wandstärke durch Wärmedämmverbundsystem)
[ ] Abbruch Kamin und Heizkörper
[ ] Ausbau Öltank
[ ] Abbruch Heizkörper
[ ] Einbau Fußbodenheizung
[ ] Sanitär- und Elektroinstallation werden auf den aktuellen Stand gebracht
[ ] Grundstücksgröße, Qualität, Grundwasserhorizont und Strömung ermöglichen eine Heizung mit Grundwasser (Tiefenbohrung), die Heizzentrale wird entsprechend verändert, Photovoltaikanlage angeschlossen
[ ] Wintergarten Flachdach, Anbau und Lichtkuppel bleiben unverändert

Gebäudetyp B

Freistehendes Einfamilienhaus mit kleinem Garten

- kein Grundwasser
- Alter 80 Jahre
- Steildach
- Pfettendachstuhl
- Dachflächenfenster
- oberste Decke geringe Dämmung
- Erd- und Obergeschoss – Raumhöhe 2,40 Meter
- Raumhöhe im Keller 2,10 Meter
- Außenwände mit Betonschlackensteinen (geringe Wärmedämmung)
- Heizkörper vor der Wand
- Holzdoppelfenster
- Klappflügel
- Balkon – auskragende Betonplatte (ohne thermische Trennung)
- schmale, steile Treppe zum Obergeschoss
- Heizung mit Öl, Lagerung mit Stahltanks im Keller
- Befeuerung mit Einzelöfen
- in der Küche: Herd-Beschickung mit Holz und Kohle
- Lagerraum für Brennstoff im Keller
- Wände im Erdreich ungedämmt – geringer Feuchteschutz
- Kamin im Gebäude
- Warmwasser im Bad mit Elektroboiler (Nachtstrom) und Infrarotstäben
- Elektroinstallation: Stand der Bauzeit

Denkbare Lösung für Gebäudetyp B

Eine Fernwärmeleitung ist seitens der Gemeinde angedacht, es ist mit einem Zeitrahmen bis zur Fertigstellung von sechs Jahren zu rechnen. Bis zu diesem Zeitpunkt werden die Ölheizung und die Warmwasserversorgung im Bad betrieben.

[ ] Dach neu eindecken mit Innendachdämmung

[ ] Photovoltaikanlage auf einer Seite

[ ] Abbruch Kamin

[ ] Speicherausbau

[ ] Außenwände Wärmedämmverbundsystem (die Kältebrücke der Balkonplatte wird in Kauf genommen, die Alternative wäre ein Abbruch und der Anbau einer Holzkonstruktion)

[ ] Klappflügel neu (Baugenehmigung)

[ ] neue Fenster – Material Holz

[ ] Fensterbänke neu

[ ] Umbau Heizzentrale im Keller (wegen Erdwärme, größere und längere Heizkörper vor der Wand)

[ ] Abbruch Öltank und Einzelöfen

[ ] Badinstallation neu

[ ] Heizung mit Erdwärme

[ ] Kollektoren im Erdreich, Tiefe etwa 70 cm (Kostenvergleich ergibt Vorzüge gegen Wärmepumpe, besonders wenn bedacht wird, dass sich der Fernwärmeanschluss verzögern kann; vorab klären des „Anschlusszwangs“ durch Gespräch mit Gemeinde)

Gebäudetyp C

Einfamilienhaus
kleines „Handtuchgrundstück"

- einseitig mit Versatz in der Fassade angebaut
- das Dach hat zum Nachbarn einen Versprung von etwa einem Meter in der Höhe (Nachbar ist um den Betrag höher, die Wand ist Eigentum des Nachbarn)
- Erd- und Obergeschoss
- Raumhöhe 2,40 Meter
- Kamin in der Mitte des Gebäudes
- Wand zum Nachbarn als einschalige Kommunwand
- Alter etwa 60 Jahre
- Gebäudekonstruktion
- Dachdeckung Betonziegel, Sparrendachstuhl
- oberste Decke mit Glaswolle gedämmt
- Mauerwerk
- Betondecken
- Balkone thermisch getrennt
- Decke über Keller mit Dämmstoffschüttung und Estrich
- Kellerwände Feuchteschutz außen
- Kellerboden ohne Dämmung
- Holzfenster kein Sonnenschutz außen
- Heizkörper in Nischen
- Heizung und Warmwasser mit Gas von der Kommune
- Heizzentrale im Keller
- Elektroinstallation nach den Vorschriften der Bauzeit
- Trennung im Garten durch Holzlamellen als Sichtschutz

Denkbare Lösung für Gebäudetyp C

Am Anfang sinf Gespräche mit den Nachbarn zu führen, wegen Schnittstelle, z. B. Gerüst, Überstand der Dämmung an Kommunwand:

[ ] Photovoltaikanlage

[ ] Dachdeckung und Dachstuhl neu

[ ] Wärmedämmverbundsystem an den Wänden

[ ] Kunststofffenster mit außen liegenden Rollläden

[ ] neue Fensterbänke wegen Wandstärke

[ ] Heizung/Heizzentrale erneuern

[ ] Kamin erneuern

[ ] Einbau einer Wandflächenheizung

[ ] Elektroinstallationen neuester Stand

7 Rechtliches zum Bestand

An einer Stelle wird man die relevanten Daten zum Haus notieren, z. B. die Eigentumsverhältnisse mit etwaigen Abhängigkeiten, Vereinbarungen mit Nachbarn (soweit keine Grundbucheinträge nötig sind), Vermietung am Dach für Dritte (Funk), sonstige Mietverhältnisse, Dauer der Verträge und Versicherungen.

Bei allen Veränderungen am Gebäude wird man die Eigentumsverhältnisse mitbetrachten müssen. Ist das Gebäude oder ein Teil davon vermietet, z. B. Einliegerwohnung, so wird man mit dem Mieter sprechen. Ist es ein gewerblicher oder ein privater Mietvertrag, dann sollte man die Gesetzeslage im Hinterkopf behalten, niemand wird gerne überrumpelt und wenn – versucht er sich zu wehren und Zeitversätze sind die Folge und das Klima zwischen den Partnern und auf der Baustelle ist vergiftet.

Die Verträge, gleichgültig ob für Mieter, Handwerker oder Bank, sollte man kennen. Wenn sich Einflüsse durch die Umsetzung des Gebäudeenergiegesetzes auf diese Verträge ergeben, ist es guter Brauch, vorab darüber zu sprechen und als Folge schriftlich darauf zu verweisen, aber bitte nicht juristisch verklausuliert, sondern möglichst in einfachen Worten, ohne drohenden Tonfall.

Oberste Pflicht ist das Bezahlen von Rechnungen. Treten hier Verzögerungen ein, stört das nicht nur den Ablauf empfindlich, sondern auch den Handwerker, der als meist direkt Betroffener misstrauisch wird; niemand arbeitet gerne kostenlos und die Banken sind im Errechnen der Verzugszinsen akribisch. Die VOB (Vergabe- und Vertragsordnung für Bauleistungen) gibt dem Handwerker Rechte, von denen er Gebrauch machen wird, z. B. mit einer Handwerkersicherungshypothek.

Relevante kaufmännische Unterlagen für den Betrieb:

- Versicherung der Landesbrandversicherung
- Funktionskontrollvertrag für Öltank und Leckwarngerät
- Genehmigung des Öltanks im Erdreich
- Grundsteuerbescheid Stadt Kommune
- Müllabfuhrgebührenbescheid Kommune oder Landratsamt
- Gebäudeversicherung
- Hausratversicherung
- Haftpflichtversicherung
- aktuelle Prüfbestätigungen des Kaminkehrers
- Energieausweis, aktueller Stand

8 Bestandsunterlagen

Am besten legt man sich einen Ordner an, in dem alle wichtigen Daten des Hauses abgelegt sind. Praktisch ist es, ein Deckblatt mit den relevanten und aktuellen Daten anzulegen, dann ist immer alles direkt griffbereit für evtl. Rückfragen. Die Daten für das Deckblatt kann man aus den Plänen und Unterlagen entnehmen. Meistens sind sie zusammen mit anderen Dokumenten aus der Bauzeit irgendwo abgelegt.

Grundlagen sind:
- Abmessungen, Länge und Breite
- Wohn- und Nutzfläche
- Geschosshöhe je Stockwerk
- Kellerhöhe
- Zahl der Stockwerke
- reale Dachfläche
- Störungen der Dachfläche (z. B. Dachflächenfenster, Gauben)
- Hüllfläche/Fassadenfläche
- Heizsystem
- Anbauten wie Wintergärten, integrierte Garage usw.

Wegen des Umfangs hat man die amtlich gestempelten Unterlagen aufgehoben und die Werkpläne – soweit überhaupt welche angefertigt wurden – entsorgt. Der Eingabeplan war früher meist die Grundlage der Ermittlung der relevanten Zahlen, wie umbauter Raum, bebaute Fläche und Wohnfläche. Es ist sinnvoll, einige Daten mindestens stichprobenartig zu kontrollieren. Solche Kennzahlen erleichtern die Kontrolle. Der Planer hat die Pflicht, die Richtigkeit der Maße zu überprüfen, denn darauf baut seine weitere Tätigkeit auf. Spätestens bei einer Ausschreibung – dem Leistungsverzeichnis – wird mit realen Zahlen gearbeitet. Treten hier dann Abweichungen auf, kann es Streit geben. Waren die Zahlen zu niedrig, wird es teurer und der Bauherr hat die Finanzierung zu kontrollieren, waren die Zahlen zu hoch, stimmen Zeit- und Kalkulationsansätze von Ingenieur und Handwerker nicht, die Folgen können fatal sein.

Der nächste Schritt ist es, Materialstärke und Qualität zu bestimmen. Die Dacheindeckung wird geprüft: Alter der Steine, Schäden, Vermoosung, Dachkonstruktion – Querschnitte von Sparren/Pfetten (Möglichkeit zur Verstärkung wegen höherem Gewicht durch etwaige Photovoltaik-Anlage, Verankerung mit oberster Geschossdecke wegen der Sogkräfte). Die Folgen des Klimawandels erzwingen je nach Lage des Gebäudes im Gelände höhere Lastannahmen (Sog und Druck).

Die in den Plänen angegebene Stärke der Wände wird stichprobenartig geprüft, die Qualität des Mauerwerks kann an einem Mauerstein ermittelt werden (Ziegelsteine haben ab Werk Kennzeichen), die Betonfestigkeit wird mit einem Prellhammer geprüft, die Dämmmaterialien prüft man über die Herstellerangaben. Die Qualität der Fenster kann anhand der Scheibendicke bestimmt werden.

Ist auf dem Eingabeplan der Grundwasserpegel angegeben, so sind als Erstes der aktuelle Pegel abzufragen und die Höchsthochwasserstände maßstäblich in die Pläne einzuarbeiten, daraus ergibt sich eine Prüfung der Eckverbindungen und der Anschlüsse der Lichtschächte. Ebenso sind die Wanddurchdringungen der Sparten (Leitungen) zu prüfen.

Die Prüfung der Materialien ist aus mehreren Gründen wichtig,
- zum einen sind die Baustoffe ab einem gewissen Zeitpunkt nicht mehr zugänglich oder verdeckt,
- sie sind Grundlage der weiteren Bearbeitung, zum Beispiel beim Leistungsverzeichnis,
- sind sie zu entsorgen, wird man am Wertstoffhof danach gefragt werden.

Ein Beispiel veranschaulicht den Umfang
Gebäude: Musterstraße 4, in Postleitzahl/Ort
Anlage: Lageplan mit Umgebung, Stadtplan
Unterlagen Bau:

Eingabeplan, 1/100, gestempelt vom Landratsamt (Behörde), August 1961, mit Ermittlung:
- umbauter Raum
- bebaute Fläche
- Wohnfläche

Plan Nummer 1,
Detail Anschluss Zisternen, Gewächshaus

Plan Nummer 2,
Höhenschnitt 1/50

Plan Nummer 3,
Werkplan 1/50

Plan Nummer 4,
Treppendetail 1/10

Plan Nummer 5,
Dachkonstruktion 1/50 und 1/10

Plan Nummer 6,
Grundstückseinfriedung 1/200 und 1/10

Plan Nummer 7,
Großes Fenster 1/10, Südseite mit Fußpunkt und Fußbodenaufbau 1/1

Plan Nummer 8,
Treppengeländer 1/10

Heizung:
- Einbau der Ölfeuerung, genehmigter Plan, Juni 1961
- Spezifikation Öltank, Bauplan Zweitschrift, Stand April 1961
- Schema der Einbauart des Tanks
- Ölbrenner erneuert in 198?

Spezifikation des nachträglich eingebauten großen Fensters, U-Wert des großen Fensters 1,1

Darstellung der versiegelten/teilversiegelten Grundstücksflächen (Stand 13.06.2013)

9 Gebäudehülle

Die sich abzeichnende und unausweichliche Klimakrise zwingt jeden Eigentümer dazu, sein Gebäude zu überdenken und zukunftssicher zu machen. Er wird dabei zwei Punkte anstreben,

- zum einen ein Verbessern der Lebensqualität,
- zum anderen ein Verringern der Betriebskosten, da diese wahrscheinlich steigen werden, oder zumindest ein Bremsen des Anstiegs.

Hier gibt es zwei Bereiche:

- ein schnell einleuchtender Bereich ist die qualitative Verbesserung des Heizsystems, zumal hier im Regelfall geringe Kosten entstehen,
- der andere Bereich ist die Verbesserung der Dämmung der Gebäudehülle.

Tatsache ist, dass ein gering gedämmtes Haus die Umwelt zu Lasten des Eigentümers erhitzt.

9.1 Betrachtung der Dämmung der Gebäudehülle

Jede Verbesserung der Dämmung der Gebäudehülle ist ein gravierender Eingriff in die Gebäudestruktur und verlangt ein Überdenken der Folgen in Bezug auf Technik und Betrieb. Vereinfacht dargestellt bieten sich folgende Lösungen an:

- Qualitativ höhere Dämmung der obersten Decke
- Qualitativ höhere Dämmung der Wände
  - Austausch der Fenster und Fensterbänke
  - Sockelbereich (z. B. bei Anbringen eines Wärmedämmverbundsystems ändert sich die Verblechung)

Hilfestellung zur Planung in Verbindung mit dem Erlangen von Fördermitteln bietet das bereits erwähnte Effizienzhaus. Jede der Lösungen bedingt die Planung durch einen Architekten, denn die Tätigkeiten umfassen mehrere Gewerke sowie die nötigen Provisorien (z. B. Gerüststellung, Baustelleneinrichtung) und damit eine straffe Koordination.

Nachfolgend wird versucht, die wesentlichen Schnittstellen aufzuzeigen.

9.2 Höhere Dämmung der obersten Decke

Die oberste Decke eines Gebäudes ist zugleich die Tragkonstruktion der Dachhaut, bestehend aus Dachstuhl und Eindeckung. Dachneigung, Eindeckung und Dachüberstand (z. B. Kniestock) sind von der Gemeinde vorgegeben und können nicht verändert werden. Der Einbau von Gauben, Dachflächenfenstern und Dachterrassen unterliegt einer Genehmigung. Der Einbau einer Dämmung anderer Stärke (meist auch mit höherer Qualität) erfordert eine Planung des Dachrands, quer und längs zu den Sparren sowie den Giebeln und der Durchlüftung. Es erfordert die Leistung eines Fachplaners. Dies gilt auch für den Zugang, der meist als Einschubtreppe ausgebildet ist. Soll der Speicher zu Wohnzwecken ausgebaut werden, ist das Wichtigste die Lüftung.

9.3 Höhere Dämmung der Außenwand

Die Sanierung erfolgt sinnvollerweise im Zusammenhang mit einer vollständigen Überarbeitung der Gebäudehülle hinsichtlich Wärme-, Schall- und Brandschutz sowie der Lüftung. Dies ist die Leistung des Architekten, der sich die Unterstützung von Fachingenieuren, z. B. aus den Bereichen Heizung, Lüftung, Sanitär und Gartenbau, holt. Im Folgenden werden die neuralgischen Bereiche, welche sich auf das Verhalten der Bewohner beziehen, erwähnt.

Um die Vorteile der geänderten Heizung zu erhalten, ist fast immer eine „hochwertigere" Wärmedämmung nötig, dazu sind die Konsequenzen für alle betroffenen Bereichen zu verfolgen. Hinweise bezüglich der Qualität gibt das Effizienzhaus. Es die Leistung des Architekten, die Kosten und den Zeitablauf überschlägig zu ermitteln und zusammen mit dem Fachplaner Heizung, Lüftung, Sanitär und die geänderten Verbräuche der Heizung darzustellen und dem Bauherrn vorzulegen. Als Maßstab dienen die bisher aufgewendeten Kilowattstunden im Vergleich zu den prognostizierten.

Das Risiko der sich verändernden – meist steigenden – Preise bleibt bei dem Bauherrn. Der Architekt und Fachingenieur benötigen hierfür Unterlagen. Sind diese (noch) nicht vorhanden, sollten Annahmen getroffen werden.

Die Aufgabe einer Dämmung ist der Schutz gegen die Witterung, die langsam wechselnden Temperaturunterschiede – Winter mit Kälte und Sommer mit Hitze, dazu wechselnde Feuchtigkeit mit unterschiedlichem Luftdruck. Sie hat zwei zum Teil sich widersprechende Aufgaben zu bewältigen. Im Winter, wenn es außen kalt ist, soll sie das Entweichen der erwärmten Luft innerhalb des Gebäudes verzögern. Der Innenraum wird langsam erwärmt und bleibt annähernd konstant bei der gewünschten Temperatur. Dagegen geht der Temperaturabstieg außen relativ schnell – Veränderung um 30° C (von +20° C bis –10° C) sind nicht selten – und kann auf dem Niveau Tage lang verharren. Die Dämmung soll die Verformungen in der Gebäudekonstruktion verzögern. Sie hat auch die Aufgabe, die Druckunterschiede, mit denen das Eindringen der Feuchtigkeit einhergeht, zwischen innen und außen zu puffern, die unterschiedlichen Feuchtigkeitsverhältnisse zwischen innen (ständig durch das Bewohnen) und außen (wechselnd je nach Witterung) abzuhalten und auszugleichen. Mit der geänderten Dämmung der Hülle ist auch die Lüftung zu planen.

9.4 Dämmen und Heizen hängen direkt zusammen

Der bisherige Wandaufbau kann nur durch das Aufbringen einer Wärmedämmung verbessert werden (die Alternative wäre teilweiser Abbruch und neu aufbauen).

Hier bietet sich ein Wärmedämmverbundsystem an. Hier gibt es zwei Arten:

- auf Kunststoffbasis (expandiertes Polystyrol – EPS, landläufig Styropor), es ist dampfdiffusionsdicht, lässt also kaum Feuchtigkeit durch, es ist wegen der Wirtschaftlichkeit weit verbreitet,

- auf mineralischer Basis (z. B. Steinwolle), das dampfdiffusionsoffen ist.

Die Bestimmung der Dämmstoffart, Stärke und deren Befestigung ist Leistung des Fachplaners – meist der Architekt. Er erstellt den Kostenvergleich und legt ihn dem Bauherrn zur Entscheidung vor.

Bei einer Dämmung mit EPS wird die Wand dampfdiffusionsdicht, die Fenster werden in das Dichtungssystem des Wandaufbaus eingebunden, dadurch ist ein Luftaustausch stark verzögert bzw. unterbunden. Betritt man einen solchen Raum, entsteht ein „dumpfes“ Gefühl. Will man einen Luftaustausch erreichen, muss man ein Fenster öffnen. Unterbleibt dies und steigt im Raum die Luftfeuchtigkeit, so schlägt sie sich an der kältesten Fläche nieder und Schimmel entsteht. Bei einer bewohnten Wohnung ist die Gefahr gering, da durch das Öffnen und Schließen der Tür ein Luftaustausch erfolgt.

Im Sommer kommt an die Außenseite eine schnell wechselnde mitunter auch abrupte Erhitzung bis ca. 80° C durch Sonneneinstrahlung, es folgt ein langsames Abkühlen. Die Temperaturen sollen vom Eindringen in den Raum abgehalten werden.

9.5 Standfestigkeit

Die Wandkonstruktion muss die Lasten des Daches sowie der Geschossdecken in das Fundament ableiten. Bei einem Brand muss die Konstruktion standfest bleiben und dem Feuer Widerstand bieten, bis die Feuerwehr die Personen befreit hat und das Feuer gelöscht ist. Das Gewicht der Wand hat auch die Aufgabe, den Außenlärm zu mindern.

9.5.1 Konventioneller Wandaufbau beim Mauerwerk

Die Außenwand eines Gebäudes ist weder in ihrem Aufbau noch in ihrer Ausbildung eine homogene (gleichmäßige) Konstruktion. Eine Wand besteht aus mehreren Schichten, so z. B. (von innen nach außen):

- Beschichtung
- Spachtelung oder Innenputz
- Haftgrund bei Innenputz
- Tragende Konstruktion
- Oberputz
- Beschichtung

Diese Schichten sind unterschiedlich in Stärke, spezifischem Gewicht, der Fähigkeit, Feuchtigkeit aufzunehmen und wieder abzugeben, Wärme zu speichern, sowie in ihrem Ausdehnungsverhalten. Das Zusammenwirken aller Daten ergibt den theoretischen U-Wert der ganzen Wand.

Bei einem Wärmedämmverbundsystem wird außen auf die beschriebene tragende Konstruktion noch aufgebracht:

- Klebeschicht
- Wärmedämmung
- Oberputz im System

In der Praxis kommen nicht vermeidbare „Störungen“ hinzu, es sind im Wesentlichen:

- Fenster und Hauseingangstüren
- Fugen der verschiedenen Bauteile und unterschiedliche Materialformate
- Rollladenkästen
- Auskragende Plattenteile, z. B. thermisch getrennte Balkonplatten
- Verankerungen von Konstruktionen, z. B. Vordächer
- Beim Mauerwerk unterschiedliche spezifische Gewichte (das Formverhalten kann sich ändern)

- Beim Mauerwerk unterschiedliche Formate (Anteil der Lagerfugen- und Stoßfugen ändert sich)
- Einbindung der Geschossdecken (Gefahr Kältebrücke)
- Einbindung Tragwände (bei unterschiedlichen Breiten sowie Formaten und verschiedenen spezifischen Gewichten (Vormauerziegel, Betonstein) können Risse auftreten)
- Einbindung nicht tragender Wände (bei unterschiedlichen Bauweisen, wie Gasbeton, Trockenbau und unterschiedlichen Formaten, können Risse auftreten,
- Lüftungsgeräte, Befestigung – Bewegungen – Luftbewegungen
- Gerüstverankerungen (Kältebrücken, Farbunterschiede, bedingt Art der Befestigung)

9.6 Austausch der Fenster

Bei der Auswahl der Fenster wird man den Wärme- und Schallschutz betrachten. Der Wärmeschutz wird als U-Wert bezeichnet. Je nach Standort des Gebäudes kann auch der Schallschutz gegen den Lärm von außen ein Kriterium sein, das ist Sache des Planers, dies zu beurteilen. Seine Obliegenheit ist auch die Planung des kraftschlüssigen Verbindens von Wand und Fenster.

Etwa 30 Prozent der Wandfläche eines Hauses bestehen aus Fenstern. Die Industrie liefert Fenster mit einem U-Wert um die 1,0. Wichtiger ist allerdings die Detailsicherheit bei den Anschlüssen rundherum, also die Verbindung zur Wand- und Deckenkonstruktion. Zu bedenken ist das Gewicht von Glas. Glas hat eine Dichte von 2,5g/cm^3 (dies entspricht 2,5kg/m^2 bei einer Glasstärke von 1 Millimeter). Bedingt durch die Anforderungen an Wärme- und Schallschutz und auch dem Wunsch folgend, mehr Licht im Raum zu erhalten, werden die Fenster recht groß. Dies wirkt sich auf das Material des Rahmens und der Beschläge aus.

Der Transport, das Verheben und die Montage ist Sache des Handwerkers. Nur die Weiterleitung der Kräfte (Winddruck und Sog) in die Wand ist Sache des Architekten, der kennt auch den Sonnenschutz sowie die Wandkonstruktion und berücksichtigt dies bei der Planung.

Das Glas lässt Temperaturunterschiede wesentlich schneller durch als die angrenzende Wand. Das Verhältnis Wärmedurchlass Fenster zu Wand ist etwa eins zu fünf.

Der Widerstand gegen den Wärmedurchlass ist bei Glas, gleich welcher Scheibendicke und Konstruktion, erheblich geringer als bei der Wandkonstruktion.

9.6.1 Material und Wartung

Auf dem Markt gibt es für die Rahmen der Fenster drei Materialien:

- Kunststoff: Wegen der Wirtschaftlichkeit ist er am Markt weit verbreitet, der Aufwand für die Wartung beschränkt sich auf die sporadische Pflege der Außenseite.
- Aluminium: Ist relativ teuer und pflegeleicht wie Kunststoff.
- Holz: Ist in regelmäßigen Abständen neu zu beschichten. Zum Beschichten ist fast immer die Stellung eines Gerüsts erforderlich. Die Beschläge sind regelmäßig zu warten.

9.6.2 Fensterbänke

Mit dem Austausch der Fenster und Verstärkung der Wärmedämmung ist der Einbau neuer Fensterbänke außen nötig. Es gibt sie aus den Materialien Kunststoff, Aluminium, Naturstein. Achten wird man

- auf die Neigung, damit das Tropfwasser abfließt,

- auf Schalldämmung unter der Fensterbank,
- auf den seitlichen Anschluss an das Wärmedämmverbundsystem,
- bei Rollläden an den seitlichen Anschluss,
- auf den Überstand zur Putzebene, um Tropfenbildung im Putz zu vermeiden.

9.7 Sockelbereich

Wird die Außenwand durch die Wärmedämmung breiter, sind auch der Sockelbereich und der Bereich von Türen zu überarbeiten und Spritzwasserschutz sowie die Perimeterdämmung neu zu planen. Das ist die Leistung des Architekten bzw. Fachplaners.

9.8 Lichtschächte

Lichtschächte dienen dazu, unter dem Gelände befindliche Räume zu belichten oder zu belüften. Ihre Oberkante liegt vergleichbar zum Spritzwasserschutz etwa 15 cm über Terrain, den oberen Abschluss bildet ein Gitterrost, der Boden ist entweder ein Kiesbett, in dem Wasser versickert, oder eine Kunststoffwanne mit einer Drainage. Sind großen Mengen Schlagregen angesagt – die keine Drainage ableiten kann – kann das Wasser bis zur Fensterhöhe steigen und ins Gebäude fließen. Hier hilft nur das Auflegen einer Platte, die mit Steinen beschwert wird.

9.9 Kellerwände

Eine nachträgliche Erhöhung der Dämmung im Kellerbereich bedeutet einen hohen Aufwand, den man nur im Zusammenhang mit anderen Leistungen ausführen wird. Der Regelfall ist, dass beim Erstellen des Rohbaus die Wärmedämmung etwa einen Meter unter das Gelände gestellt wurde (Perimeterdämmung).

10 Heizungstechniken

Das im Januar 2024 in Kraft tretende Gebäudeenergiegesetz gibt zum Heizen von Wohngebäuden für Neubauten folgende Möglichkeiten für den Bauherrn zur Auswahl:

1. Anschluss an ein Wärmenetz mit einer Hausübergabestation
2. Betrieb mit einer Wärmepumpe
3. Stromdirektheizung
4. Solarthermische Anlage
5. Biomasse oder Nutzung von grünem oder blauem Wasserstoff
6. Wärmepumpen-Hybridheizung bestehend aus einer elektrisch angetriebenen Wärmepumpe in Kombination mit einer Gas-, Biomasse- oder Flüssigbrennstofffeuerung

Der Gesetzentwurf der Bundesregierung vom 19.04.2023 gibt vor, dass mindestens 65 Prozent der Heizung mit erneuerbaren Energien zu betreiben sind. Denkbare Lösungen sind:

- Anschluss an ein Wärmenetz. Dies setzt das Vorhandensein einer kommunalen Fernwärmenutzung voraus. Architekt und Planer müssen die Vor- und Nachteile darstellen und dem Eigentümer zur Entscheidung vorlegen. Ist ein solches Wärmenetz erst in der Planung, sind die Zwischenlösungen durchzuspielen, sie können eventuell zur Dauerlösung werden.
- Einbau einer elektrisch angetriebenen Wärmepumpe. Sie ist fast immer möglich. Der Planer muss sich wegen der Dimensionierung mit dem Energieversorgungsunternehmen (EVU) abstimmen.
- Einbau einer Stromdirektheizung, auch als Heizlüfter bekannt, sind eigentlich keine Dauerheizungen.
- Einbau einer solarthermischen Anlage, das können z. B. auf dem Dach angeordnete Wasserröhren sein, in denen das Sonnenlicht das Wasser erwärmt.
- Einbau einer Wärmepumpen-Hybridheizung, bei der der erneuerbare Energie-Anteil mindestens 65 Prozent betragen muss, während der verbleibende Energiebedarf von 35 Prozent mit fossilen Energieträgern gedeckt werden kann. Der Betreiber verfügt dann also über zwei Heizsysteme.
- Einbau einer Heizungsanlage auf Basis von grünem oder blauem Wasserstoff oder Derivaten davon. Beides liegt wegen der Kosten für Wasserstoff noch in der Zukunft.
- Als weitere Erfüllungsoption kann eine Biomasseheizung (z. B. Pellets, Hackschnitzel, Pflanzen) auf Basis von Biomasse einschließlich Biomethan eingebaut werden.

Hierzu vorab einige kurze Erläuterungen sinngemäß nach Wikipedia (vertiefte Erläuterungen folgen im Text):

Ein **Wärmenetz** wird von der Kommune erstellt und zu den einzelnen Gebäuden geführt. Ist noch keines vorhanden oder erst in Planung, ist das Gebäude in anderer Form zu heizen.

Eine **Wärmepumpe** setzt Strom mithilfe von Luft und Kältemittel in Wärme um.

Eine **Stromdirektheizung** setzt Strom unmittelbar in Wärme um.

Bei einer **Solarthermischen-Anlage** erhitzt Sonnenlicht Wasser, es wird dann in den Heizkreislauf gebracht.

Grüner Wasserstoff ist durch Elektrolyse erzeugter Wasserstoff, dessen Strom mit erneuerbaren Energien erzeugt wird.

Grauer Wasserstoff wird aus Erdgas erstellt, das bei der Produktion entstehende gasförmige CO_2 eingefangen und gespeichert.

Biomasse ist im Wesentlichen Holz (Stichwort: Pellets).

10.1 Die wichtigsten Energieträger zum Heizen

Ohne Strom geht nichts. Er ist eine durch Nutzen des Winds, der Wasserkraft und der Photovoltaik unendliche Ressource. Der so gewonnene Strom kann nur (mittelbar) gespeichert werden oder er wird direkt ins Netz eingeleitet. Da der Verbrauch nicht identisch ist mit der erzeugten Menge, gibt es seitens der Elektroversorgungsunternehmen viele Lösungen, z. B. den europaweiten Stromverbund.

Der Wasserstoff ist zum Ergänzen vieler Heizmedien unabdingbar und wird in der Elektrolyse durch die Aufspaltung von Wasser in Wasserstoff und Sauerstoff erzeugt. Der Wirkungsgrad leidet dabei etwas. Da die voraussichtlich benötigte Menge an Wasserstoff so hoch ist, dass die in Deutschland produzierte Strommenge nicht für die Produktion ausreicht, bestehen Überlegungen, Wasserstoff in Ländern zu erstellen, in denen ein Überschuss an Sonneneinstrahlung und Windkraft besteht, z. B. Marokko und Chile. Der so erzeugte Wasserstoff wird verflüssigt und per Schiff nach Deutschland transportiert. Bezogen auf die fernere Zukunft werden die zukünftigen Regierungen die Transport- und Politik-Risiken vertraglich sichern müssen.

Heizen mit Biomasse (siehe Pellets), ist die in Deutschland und Österreich am meisten verbreitete Heizmethode.

In Deutschland sind für das Heizen von Ein- und Mehrfamilienhäusern folgende Heizmedien gebräuchlich:

- Öl
- Gas
- Holz in Form von Pellets
- Fernwärme

Die bestehenden Heizungen dürfen weiter betrieben werden, bis sie aus Altersgründen ihren Dienst aufgeben oder bedingt durch die steigenden Preise der Energien unwirtschaftlich werden. Diese voraussichtlich steigenden Energiepreise erleichtern und beschleunigen den Entschluss, da ein neues System – erweitert durch eine Sanierung – voraussichtlich einen geringeren Verbrauch hat.

10.2 Grundlagen einer Planung

Bei der Einigung von Regierung und Opposition am 13.06.2023 über die Novelle des GEG vom 19.03.2023 wurde beschlossen, die Pflicht zum Umbau der bestehenden Heizungen in den einzelnen Gebäuden aus den vorgenannten Gründen zu verschieben; dies muss für den einzelnen Eigentümer nicht unbedingt ein Vorteil sein, denn

- die Technik der Heizsysteme wird sich kurzfristig nicht ändern,
- an dem Gebäude wird sich nichts ändern,
- das Einzige, was sich ändert, ist die Marktsituation, denn man kann die gewählte Lösung in Ruhe planen. Allerdings kann dabei ein anderer Effekt eintreten; die Planung endet im Regelfall mit der Ausschreibung und darauf folgen Bieterauswahl und Vergabe. Mitunter glaubt man, dass die angebotenen Lösungen zu teuer sind und man durch Abwarten oder erneute Ausschreibung ein günstigeres Angebot erzielen könne. Somit verfällt man in eine Prokrastinationsphase (Aufschieben), kann und will sich nicht entscheiden. Also hält man die Bieter hin, wartet – worauf auch immer –, um irgendwann aber durch externe Parameter zu einem Entschluss gezwungen zu werden. Dann ist es oftmals zu spät, denn dann kommen Angebote kaum noch rein und diese sind meist überteuert. Angebot und Nachfrage regeln bekanntlich den Preis.

10.3 Der Umbau

Für die Dimensionierung der Heizung sollte der Brennstoffverbrauch der letzten Heizperioden zugrunde gelegt werden, gleichgültig ob Gas oder Öl. Der Faktor zum Umrechnen in Kilowattstunden (kWh) als vergleichbare Größe ist in „Weiterführende Informationen“ angegeben. Nun ist zu überlegen, ob nur ein neues Heizsystem eingebaut oder auch die Gebäudehülle gedämmt wird. Hier spielt auch der Faktor Zeit eine Rolle. Wird eine Wärmepumpe eingebaut – so hängt alles von der Lieferfrist ab. Wird eine Dämmung aufgebracht und ein anderes Heizsystem eingebaut, so muss ein Terminplan angefertigt werden, aus dem die Zeiten der bestimmenden Parameter hervorgehen. Da die nächste Heizperiode sicher kommt, sollte man den Aussagen der Fachleute sehr genau zuhören. In die Zukunft kann niemand sehen und das Risiko der Witterung trägt der Bauherr.

10.3.1 Beschreibung des Umbaus eines Heizsystems

Die Luftwärmepumpe entwickelt sich zu der bevorzugten Heizungsart (Stand 2022/ 2023) und wird deshalb hier ausführlich behandelt. Die Leistungen von Architekt und Fachplaner bestehen darin, eine neue Heizart einzuplanen, die den Vorgaben des Gesetzes und den Vorstellungen des Eigentümers entspricht, und dabei Vorhandenes zu integrieren oder abbauen zu lassen und eine Lösung zu finden, die wirtschaftlich und zukunftsweisend in Einbau sowie Betrieb ist.

Der Fachplaner wird zur Projektierung folgende Fragen stellen:
Zum Gebäude:

- Wohnfläche/Nutzfläche
- Zahl der Geschosse
- Raumhöhen
- Außenwandflächen (Hüllfläche) mit k-Wert
- Fensterflächen (ca. 30 Prozent der Außenwandfläche)
- Oberste Geschossdecke mit k-Wert (Dämmart/Materialien)
- Untergeschosswände, Boden unter Keller erdberührt

Zur Technik:

Heizungssystem „ist“: Will man es beibehalten und kann es auf ein hybrides System umgebaut werden? Das Gesetz verlangt, dass 65 Prozent der Leistung von regenerativen Medien (z. B. Wärmepumpe) erbracht werden. Ein Fachmann muss prüfen, wie dies zu erreichen und mit welchem Aufwand die vorhandene Heizung zu integrieren ist. Es entsteht nun ein hybrides System. Der Betreiber hat jetzt zwei Systeme zu kontrollieren und zu warten.

- Art der Lüftung „ist“ und „soll“.
- Sonnenschutz „ist“ und „soll“.
- Warmwasser-Bereitung „ist“ und „soll“.
- Wird eine Fußbodenheizung gewünscht?

Allgemein:

- Ist seitens der Gemeinde Fernwärme geplant und in welchem Zeitraum?
- Die Abklärung mit dem EVU ist die Leistung des Elektroplaners, dazu wird er alle Geräte auflisten.
- Ist ein zeitliches Provisorium erforderlich?
- Gibt es terminliche Bindungen außerhalb des gesetzlichen Rahmens?
- Sind Abbruch- bzw. Entsorgungsarbeiten erforderlich?

Jede Art der Heizung ist vom Strom und von der EDV (Art, Lieferant und Steuerung der Module) abhängig. Ein Stromausfall über längere Zeit ist selten, sollte aber in die Überlegung einfließen und nicht außer Acht gelassen werden.

Es liegt im Aufgabenbereich des Staates, die Infrastruktur für Strom bereitzustellen. Die Kosten dafür werden auf den Betreiber umgelegt. Sie sind von vielen Parametern abhängig, die der Einzelne nicht beeinflussen kann. Die Vergangenheit hat gezeigt, die Kosten werden meist steigen. Es liegt also im Interesse des Eigentümers, so sparsam wie möglich mit dem Strom umzugehen. Eine allgemeine Darstellung der gängigen Elektrogeräte und ihres Verbrauchs wird in Kapitel 17 „Strom“ behandelt.

Für die Heizung mit Luft- sowie Erdwärme ist ein Kamin nicht erforderlich. Man wird ihn entweder in das neue Lüftungskonzept integrieren oder er wird gänzlich abgebrochen. Die Fläche kann anderweitig genutzt werden oder er wird als „Notkamin“ beibehalten. Dann sollte aber konsequent an die Lagerhaltung des benötigten Brennmaterials gedacht werden. Plant man einen Abbruch des Kamins, wird man auch an den Speicher und die Fläche über dem Dach denken, jeder Durchstoßpunkt der Dachhaut kann ein Schwachpunkt sein.

Angestrebt wird der Lösungsweg, das vorhandene Heizsystem auf 100 Prozent erneuerbare Energien umzustellen. Falls das mit wirtschaftlichen Mitteln nicht erreichbar ist, sollten mindestens 65 Prozent auf erneuerbare Energien und rund 35 Prozent mit einer fossilen Energie umgerüstet werden. Hierfür ist die Hilfe eines Fachmanns unerlässlich. Die Regierung kann hierbei finanziell helfen (Förderprogramme), nicht aber die Entscheidung abnehmen.

10.4 Übergeordnete Punkte: Heizarten

Wartung

Alle Geräte benötigen eine Wartung, entweder gesetzlich vorgeschrieben, wie beim Kaminkehrer, oder aus privatrechtlichen Gründen (siehe Kapitel 21 „Betrieb, Wartung, Mangel“). In der Betriebsanleitung sind die Intervalle vorgegeben, sie werden auf den Erfahrungswerten der Firma bzw. des Herstellers beruhen. Inwieweit man sich daran hält, ist eine Frage der Risikobereitschaft. Bei Verschleißteilen wird man nach Alternativen fragen. Unabhängig davon sollte auch die Zeitachse betrachtet werden, der Wartungstermin ist zu vereinbaren, die Dauer abzufragen und auch mit den eigenen Terminen abzustimmen, schließlich muss jemand zu Hause sein. Bei den Kosten wird man die Veränderung prüfen und hinterfragen. Sind die Kosten im Vorfeld im Vertrag festgelegt? Ergibt sich vielleicht die Möglichkeit des Nachverhandelns? Im Lauf der Zeit können sich Parameter verändert haben.

Geräuschentwicklung
Alle Geräte erzeugen während des Betriebs Geräusche, die je nach Lage oder Empfindlichkeit stören können (Abschirmstufen der Dezibel – dB). Es ist Sache des Planers, darauf hinzuweisen.

Abluft
Beim Betrieb kann Luft mit unterschiedlichen Temperaturen angesaugt und ausgestoßen werden. Es ist Sache des Planers, auf die Folgen hinzuweisen bzw. sie einzuplanen.

Hybride Systeme
Sie sind bedingt durch das Gesetz, zwei unterschiedliche Heizsysteme mit 65 Prozent regenerativ und 35 Prozent fossilen Brennstoffen. Ist ein solches System geplant, sind die vorerwähnten Punkte bei beiden Systemen zu verfolgen.

Vor der Entscheidung für eine hybride Lösung sollte man die Geometrie des Heizraumes mit den Anschlüssen an das Leitungsnetz betrachten. Die Armaturen benötigen zum Einbau, zum Bedienen und zur Wartung einen Freiraum. Bei hybriden Heizungen werden zwei Heizsysteme eingebaut (z. B. Wärmepumpe und Öl- bzw. Gasheizung) und je nach Marktlage (tagesaktueller Preis) verwendet. Für den Betreiber bedeutet das, dass er sich mit beiden Systemen vertraut machen muss, und es sind unterschiedliche Wartungsintervalle zu beachten. Strom ist aber für beide nötig. Mit einer entsprechenden Regelungstechnik kann das Heizsystem auf die Marktschwankungen reagieren und den günstigsten Anbieter einschalten.

Bei tiefen Temperaturen steigt der Stromverbrauch bei der Wärmepumpe an, bei einem hybriden Heizsystem wird der Eigentümer in Abhängigkeit der Energiekosten entscheiden, welches System er kurzfristig einsetzen kann.

10.5 Heizungsarten

Zum Erhöhen der Wirtschaftlichkeit des Heizsystems ist eine Fußbodenheizung bzw. Sockelleisten- oder Wandflächenheizung hilfreich, allerdings bedeuten alle drei Arten einen extremen Eingriff in die Substanz des Gebäudes.

10.5.1 Fußbodenheizung

Der Umbau der Heizung, gleich welches System, bedingt, dass die „neue“ Heizung mit niederen Temperaturen gefahren werden soll, da jedes Grad mehr einen größeren Aufwand an Energie bedeutet. Je geringer also die „Vorlauftemperatur“, desto größer muss die Fläche der Heizkörper sein, um im Raum die angenehme – gewünschte – Temperatur zu erreichen.

Bewährt haben sich dabei Fußbodenheizungen. Die Decke unter dem zu beheizenden Raum erhält einen anderen Aufbau. Der alte Belag wird bis auf die Deckenkonstruktion entfernt, die Oberfläche egalisiert, dann wird eine Dämmschicht zur Isolierung der Wärme nach unten aufgeklebt – man will ja nicht den Raum darunter heizen –, darauf werden die

Wasserleitungen verlegt, darüber kommt Estrich und darauf der Bodenbelag. Zu berücksichtigen ist, dass der Fußbodenaufbau dann um ungefähr zwei Zentimeter höher ist. Dabei kann die vom Gesetzgeber geforderte Mindesthöhe von Wohnräumen unterschritten werden. Sollte das Gebäude einmal verkauft werden, ist ein Hinweis an den Käufer sinnvoll. Die Erhöhung wirkt sich auch bei den Durchgangshöhen der Türen aus. Bei Räumen, wo bewusst keine Fußbodenheizung verlegt wird, kann eine Schwelle entstehen.

Zu beachten ist die Dimensionierung der Rohre, also Größe, Lage und Anzahl. Dafür ist ein Fachmann nötig, der auch die Problematik des Trittschalls prüfen muss. Der Verleger des Estrichs ist verantwortlich für die Randanschlüsse. Zu beachten sind dabei die terminlichen Abhängigkeiten. Zum Einbringen des Estrichs muss eine Temperatur über +5° C herrschen, der Estrich muss vor dem Verlegen des Bodenbelags abbinden und darf erst nach einer vom Verleger bestimmten Zeit begangen bzw. belastet werden. Diese Zeit beträgt ca. 14 Tage und ist im Terminplan zu berücksichtigen. Es ist Sache des Architekten, darauf zu verweisen und das Einhalten zu prüfen. Setzt man sich darüber hinweg, besteht die Gefahr, dass sich Mängelansprüche nicht durchsetzen lassen. Verwendet man anstelle der Warmwasserrohre elektrische Leitungen, ändert sich nichts am Gesamtaufbau.

Bei der Planung der Fußbodenheizung sollte man auch an den Rückbau der jetzt nicht mehr erforderlichen Heizkörper denken und an das Beseitigen der Vor- und Rücklaufleitungen sowie an das Schließen der Durchbrüche an Wänden und Decken (siehe auch Kapitel 20 „Abbruch“).

10.5.2 Sockelleistenheizung

Eine andere Lösung, mit niederen Temperaturen Wohnräume zu heizen, ist eine Sockelleistenheizung. Hierbei werden die Heizrohre unter den Sockelleisten verlegt und bleiben fast unsichtbar. Die Sockelleiste ist breiter und höher und hat oben Auslässe, damit die warme Luft aufsteigen kann. Die Ausbildung der Innen- und Außenecken ist Standard, runde oder schiefwinklige Ecken verlangen vom Handwerker Feingefühl, ebenso die Abstimmung des Bodenbelags auf die Leisten.

10.5.3 Wärmepumpe

Ist der Entschluss zum Heizen mit einer Wärmepumpe gefallen, wird der Eigentümer zusammen mit dem Architekten festlegen, welche Umbauten vorzunehmen sind. Hierbei wird entschieden, ob die Wärmepumpe für Heizung und Warmwasser dienen soll oder nur für die Heizung. Ist eine Verbindung mit einer Photovoltaikanlage (PV) möglich oder geplant, wird sie im Gebäude oder am Gebäude angebracht.

Der Kamin ist für eine Wärmepumpe nicht mehr erforderlich. Der Eigentümer wird nach Beratung durch Architekt und Fachplaner entscheiden, ob er abgebrochen wird und die Öffnungen in den einzelnen Geschossen verschlossen werden oder die entfallenden Kaminflächen anderweitig genutzt werden. Den Kamin im Speicher und über dem Dach wird man ebenso betrachten, vielleicht denkt man an eine Photovoltaikanlage.

Die Wärmepumpe sollte durch einen Fachplaner dimensioniert werden. Wird die Projektierung von einer Fachfirma vorgenommen, besteht die Gefahr, dass ein Produkt dieser Firma bevorzugt wird, außerdem ist ein Preisvergleich schwer möglich durchzuführen, und die Verbindung ist kaum lösbar, zumal die sich über Jahre erstreckende Wartung damit verbunden ist. Eine Genehmigung für den Einbau ist im Regelfall nicht erforderlich, wohl aber eine Abstimmung mit dem Elektroversorgungsunternehmen (EVU).

10.6 Funktion einer Wärmepumpe

Ein Ventilator saugt Luft aus der Umgebung an, durch ein Gitter gelangt sie zur Wärmepumpe. Diese hat einen geschlossenen Kreislauf, bei dem Kältemittel – z. B. Propan – mit einer niedrigen Siedetemperatur in dünnen Kupferrohren zirkuliert. Die Wärme der Umwelt, auch bei geringen Außentemperaturen, bewirkt ein Verdampfen. Das Gas wird nun verdichtet. Die Folge ist die Erhöhung der Temperatur. Mit einem Verflüssiger wird die Wärme an das Heizsystem des Hauses übertragen. Bei dieser Abgabe verflüssigt sich das Kältemittel wieder. Durch Drosselung wird es auf eine niedrige Druckstufe gebracht und dadurch wieder auf eine niedrige Temperatur. Die Luft wird ausgeblasen, der ganze Prozess beginnt von Neuem.

Der Betrieb erfordert Strom, je niedriger die Außentemperatur ist, desto mehr Strom wird benötigt, um das gewünschte Heizniveau zu erreichen. Um die korrekte Funktion einer Wärmepumpe zu prüfen, kann es sinnvoll sein, die Betriebsstunden einer Heizperiode in Relation zu den Außentemperaturen zu erfassen. So lässt sich über einen längeren Zeitraum die Wirkungsweise prüfen. Bei verschmutzter Luft kann der Lufteinlass, es sind meist schmale Lamellen oder Gitter, verstopfen mit der Folge, dass der Stromverbrauch ein wenig ansteigt.

Ein Preisvergleich von Wärmepumpen ist nur über die Stromverbrauchsangaben aller Geräte möglich. Wobei hier noch andere Parameter einfließen können.

10.6.1 Aufstellung außerhalb des Gebäudes

Vorab wird man, unter Umständen gemeinsam mit dem Architekten, die Größe des Grundstücks und seine Nutzung betrachten. Wie weit ist der Nachbar entfernt? Will dieser vielleicht in absehbarer Zeit eine andere Nutzung vornehmen? Das Thema Nachbar sollte nicht vernachlässigt werden. Für die Wartung ist zu bedenken, dass um das Gerät herum ausreichend Platz für Wartung oder Reparatur vorhanden sein sollte. Mit dem Haus ist die Anlage über Zu- und Ableitungsrohre verbunden. Kurze Wege verringern Wärmeverluste beim Transport des warmen Wassers. Eine weitere Verbindung sind die Stromkabel. Die Anlage wird möglichst auf dem kürzesten Weg an den Heizkreislauf im Gebäude angeschlossen. Dazu sind Erdarbeiten – von der Fundamentierung abgesehen – erforderlich. Stört der Anblick oder die Geräuschentwicklung? Ist bei der Art der Bepflanzung etwas Besonderes zu beachten?

Folgende Kriterien wird der Planer berücksichtigen:

• Ansaugfläche: Die Abmessungen und die freie Fläche davor bestimmt der planende Ingenieur, ebenso den Abstand von der Ausblasöffnung.

• Ausblasfläche: Die Abmessungen bestimmt der planende Ingenieur. Die Öffnung sollte nicht auf eine Wand zeigen oder in eine Gebäudeecke, wo Verwirbelungen entstehen können. Die ausgeblasene Luft ist kälter als die der Umgebung, damit sollte der Abstand zur Ansaugfläche möglichst groß sein, um zu vermeiden, dass die kalte Luft erneut erwärmt wird (thermischer Kurzschluss).

• Alle Geräte, die Geräusche erzeugen (z. B. Ventilator, Gebläse, Verdichter), sollen die Forderungen der „Technische Anleitung zum

Schutz gegen Lärm“, kurz TA Lärm erfüllen. Die Dezibel (dB), welche im Betrieb erzeugt werden, benennt der Hersteller. Es ist Sache des Fachplaners, eine Lösung zu finden.

• Für das entstehende Kondensat ist ein frostfreier Abfluss (Drainage) oder ein Anschluss an den Kanal zu schaffen.

• Soll der Witterungsschutz mit dem Gebäude oder einem Mülltonnenplatz verbunden werden?

• Zu berücksichtigen ist, dass die Geräte groß sowie schwer sind und im Betrieb geringe Bewegungen ausüben. Die Fundamente sollte deshalb ein Tragflächenplaner (Statiker) bestimmen.

Zur Erläuterung:

• 0 bis 20 dB (A) hört man kaum. Waldrauschen oder Flüstern liegt etwa in diesem Bereich.
• 20 bis 40 dB (A) ist bereits gut zu hören (Weckerticken, Computer-Ventilatoren, Hintergrundgeräusche im Haus). Manche Menschen werden hierdurch bereits im Schlaf gestört.
• 40 bis 60 dB (A) ist normale Gesprächslautstärke oder ein leises Radio. Hier kann die Konzentration gestört werden.
• 60 bis 80 dB (A) erreicht ein lautes Gespräch oder ein vorbeifahrendes Auto. Im Bereich um 80 dB (A) liegen etwa Rasenmäher. Lärm in dieser Lautstärke kann bereits zu gesundheitlichen Langzeitschäden führen.

10.6.2 Aufstellung im Inneren des Gebäudes
Hier muss man sich im Bestand an dem örtlichen Grundriss orientieren. Beim Neubau ist man keineswegs frei, die Höhenlage des Fußbodens im Erdgeschoss ist im Eingabeplan vorgegeben, daraus ergibt sich die Höhenentwicklung des Gebäudes.

Zwangspunkte der Heizung sind die Luftansaug- und Ausblasöffnung. Die Größe legt der Fachplaner fest, er achtet darauf, dass vor dem Gebäude und im Gebäude genügend Raum für Luftzufuhr wie auch deren Ableitung gegeben ist. Die Flächen sind (bei Betrieb) ständig freizuhalten. Wird die Luftzufuhr (auch die Ableitung) behindert, steigt der Stromverbrauch – meist bleibt dies unbemerkt, da Vergleichsmöglichkeiten fehlen.

Wenn die Öffnungen unterhalb der Sockelhöhe liegen, sind im Gelände die nötigen Räume zu schaffen. Im Gebäude sind Blechkanäle erforderlich, sie schränken die Bewegung im Raum bei der Wartung ein.

Im Heizraum befinden sich neben den Wasserspeichern alle anderen Elemente (z. B. Ventilator, Gebläse, Verdichter, Pumpen). Dabei ist zu beachten, dass die Geräte nicht nur Geräusche erzeugen, die von Wänden und Decken reflektiert werden können, sondern auch Vibrationen. Der Bodenbelag unter der Pumpe muss das Gewicht in den Untergrund leiten und Schwingungen abfedern. Zum Bedienen und zum Warten ist ausreichend Platz drumherum erforderlich. Das Kondensat wird in einen Gully geleitet.

10.6.3 Hinweise zum Gespräch mit Fachplaner und für die Vergabe
Mit den vorhandenen Parametern lassen sich die verschiedenen Anbieter von Wärmepumpen prüfen. Dabei wird man auch die Verfüg-

barkeit der Geräte ansprechen. Da mit Beginn der Schlechtwetterperiode der Markt enger wird und die Lieferfristen länger werden, ist es sinnvoll, mit der Planung früh zu beginnen und für den Notfall Alternativen zu suchen (zum Beispiel bestehende Heizung weiter betreiben).

Zu berücksichtigen ist auch, dass der Planer Zeit für die Ausschreibung, die Angebotsprüfung und die Vergabe benötigt (siehe auch Kapitel 12 „Zeit- und Streitachse").

Tritt zum Beispiel der Fall ein, dass gar keine Angebote kommen oder nur Angebote, die weit über der kalkulierten Summe liegen, so wird man gemeinsam mit dem Planer Alternativen suchen (müssen).

10.7 Nutzung der Erdwärme (Grundwasser)

Die Nutzung der Erdwärme hat zwei Vorteile:
1. Die Abhängigkeit von den Energieträgern wie Öl, Gas oder Holz, die sich in den Marktpreisen niederschlägt und ein zumindest sporadisches Betrachten des Verbrauchs wegen der Nachbestellung erfordert, entfällt.
2. Es ist ökologisch sinnvoll, da Abbau, Aufbereitung und Transport der Energie ungleich geringer sind und die Umwelt wesentlich weniger belastet.

Um die Wärme der Erde zu nutzen, ist ein großes Grundstück erforderlich. Es sieht nach dem Bohren zerwühlt aus, geht also nur im Rahmen des Neubaus. Ein gravierender Nachteil ist die dadurch erforderliche Grundstücksgröße und etwaige Planungsfehler bei der Dimensionierung sind nur schwer behebbar.

Eine energieeffiziente Bauweise des Gebäudes ist von der EnEV (Energieeinsparverordnung) ohnedies gefordert. Als Heizung kommt nur eine Niedertemperaturheizung in Betracht, da das Erhöhen des Temperaturniveaus einen Aufwand darstellt, der die Wirtschaftlichkeit mindert. Dies wirkt sich auch bei der Dimensionierung/Auslegung/Bestimmung der Heizflächen aus. Denn je geringer die Vorlauftemperatur, desto mehr Heizfläche ist erforderlich. Darum bietet sich das System für Fußboden-, Sockelleisten- oder Wandflächenheizungen an. Eine Fußbodenheizung bedingt wegen des Fußbodenaufbaus eine etwas größere Geschosshöhe. Die Wandflächenheizung beeinflusst die Nutzung des Raums. So verringern dicht stehende Schränke den Wärmefluss und das Aufhängen von größeren Lasten, die tiefe Dübel erfordern, muss geplant werden. Dichte und schwere Vorhänge stören die Luftzirkulation wie bei einer konventionellen Heizung mit Heizkörpern. In ähnlicher Art beeinflusst die Sockelleistenheizung die Möblierung.

10.8 Heizung mit Grundwasser

Das System der Heizung besteht aus Grundwasser mit Saugbrunnen sowie einer Photovoltaikanlage. Das Grundwasser wird hochgesaugt und im Heizraum auf das geforderte Heizniveau gebracht. Pumpen fördern das Wasser in die Geschosse. Das Trinkwasser wird mit einer Anlage auf die geforderte Temperatur gebracht.

Die Art des Heizens stellt einen erheblichen Eingriff in das Grundwasser dar und ist mit der Stadt/Kommune abzustimmen. Die Behörden werden auch die rechtlichen Belange der Nachbarn prüfen. Zur Vorermittlung wird als Erstes der Planer aus den Unterlagen die Parameter über das Grundwasser zusammentragen:

- Höhenlage in Normalnull (zum Untergeschoss des Gebäudes)
- Fließgeschwindigkeit und Richtung
- Daten über die Temperatur und etwaige chemische Bestandteile (z. B. Salzgehalt)

Danach wird der Planer die Unterlagen über Bodenart und Beschaffenheit in der Tiefe, die erwartungsgemäß angebohrt werden muss, zusammenführen.

Mit den Unterlagen wird er Tiefe und Durchmesser der Bohrung bestimmen. Zum Bohren wird ein großes Gerät benötigt, das zum An- und Abtransport Platz benötigt.

Planungsvorbereitung
– Ingenieurleistung
  o Terminablaufplan Rohbau
  o Festlegen der Schwerpunkte (Abgleich Kosten Investition/Kosten Betrieb)
  o Dimensionierung der Anlage
  o Abgleich mit Konstruktion Außenhaut (Bestimmung U-Werte)
    • Wand
    • Fenster
    • Dach
    • Sockeldetail/Boden
  o Bestimmung des Heizsystems
    • Heizkörper (als Puffer in Räumen mit besonderen Anforderungen)
    • Fußbodenheizung (Geschosshöhe)
    • Wandflächenheizung

– Erforderliche Genehmigungen wegen des Eingriffs (Erdreich/Grundwasser) erfragen und einholen

– Art des Wassers im Gelände
  o Grundwasserpegel (im Mittel und niedrigster (HHW))
  o Einfluss des Grundwassers auf die Wärmeübertragung

– Tiefe der Bohrung

– Durchmesser der Bohrung

– Abstand zur Grundstücksgrenze
  o Technische bedingt
  o Privatrechtliche Abhängigkeit
  o Mindeste Grundstücksfläche, um den Heizbedarf zu erfüllen

– Art/Medium des Wärmetauschers

– Temperaturdifferenz zum Heizniveau
  o Art der Temperaturerhöhung für den Heizkreislauf
  o Art der Temperaturerhöhung für den Warmwasserkreislauf

– Heizbedarf (Nutzfläche)
  o Vorlauf/Rücklauf

– Stromversorgung
  o Koppelung mit Photovoltaikanlage
  o Anschluss an Stromnetz
  o Notversorgung für Ausfall des Stromnetzes

Vor Beginn der Ausführung
- Prüfung auf Kampfmittel im Boden und Kampfmittelfreigabe
- Einholen Transportgenehmigung für Bohrgerät (An- und Abfahrt)
- Antransport Bohrgerät
- Erstellen Bohrung, Beseitigen überschüssiges Bohrgut

Erstellen Keller mit Bodenplatte
- Einbringen des Schutzrohrs (damit wird verhindert, dass Erdreich in die Öffnung fallen kann)
- Erstellen Roh-, Ausbau und technische Gebäudeausrüstung mit Heizraum des Hauses

10.9 Heizung mit Wärme der Erde (Kollektoren)

Im Erdboden liegen Röhren und in den Röhren zirkuliert eine Sole – Wassergemisch. Es nimmt die im Erdreich stetig vorhandene Wärme auf, führt sie in die Heizzentrale und gibt sie ab. So abgekühlt, nimmt sie neue Wärme auf. Die Anlage benötigt für die Pumpen Strom, sie wird an das Netz angeschlossen. Die Auslegung der Anlage für die Heizung allein oder mit Warmwasser ist Sache des Architekten in Zusammenarbeit mit dem Freiflächenplaner und Heizungsingenieur. Er benötigt dazu die Wohn- und Nutzfläche des Gebäudes und des zur Verfügung stehenden Grundstücks. Etwaige Störungen wie Bäume, Kanäle, Zuleitungen der Medien (z. B. Wasser, Erdgas, Abstände gegen das Haus) oder Freiflächen anderer Nutzung (Feuerwehrzufahrt, Parkplätze usw.) sind dort einzutragen.

Der Fachplaner für die Heizung wird zusammen mit dem Außenanlagenplaner die Witterungsbedingungen der Vergangenheit (Dürreperiode, Regen- und Erdfeuchte), die Verhältnisse des Bodens wie Sand, Lehm usw. durcharbeiten und danach Tiefe, Länge und Durchmesser der Rohre bestimmen. Die Tiefenlage der Rohre und deren Abstand zueinander (er ist abhängig vom Durchmesser) und die Abstände zu den erwähnten Störungen sind Sache des Heizungsplaners. Ein Schlagregen, der die Rohre freilegt, oder auch längere Dürreperioden sind das Risiko des Bauherrn.

10.10 Heizung mit Holz (Pellets, Hackschnitzel)

Pellets werden auf mehrere Arten erstellt: aus dem Abfall bei der Holzverarbeitung, also aus Säge- und Hobelspänen. Da der Bedarf momentan ungleich höher ist, als auf diese Weise gedeckt werden kann, wird auch Holz aus Windbruch verwendet oder direkt aus Wäldern geschlagen. Hierbei ist zu bedenken, dass das Holz schnell verbrennt, aber sehr langsam nachwächst. Bei dem steigenden Bedarf wird ständig ein neuer Bereich gesucht, aus dem Holz geschlagen werden kann und die Suche nach Holz wird immer weiter ausgedehnt. Importe z. B. aus Rumänien (Karpaten) und Tschechien sind üblich und damit steigt der Aufwand für den Transport. Das Aufforsten (Renaturieren) der zerstörten Fläche liegt im Ermessen und in der Durchsetzungsfähigkeit der Regierungen und ist vom Geld abhängig, deshalb wird es mitunter auch unterlassen.

Der Prozess des Aufwachsens ist sehr langsam und erfordert ein Dokumentieren, um es vergleichbar zu machen. Das Aufwachsen der neuen Bäume ist abhängig von ihrer Art und kann nach heutigen Erfahrungswerten bis 50 Jahre dauern. Wobei die Betonung auf „heutig“ liegt, denn wie sich die Klimaerwärmung auf die Geschwindigkeit sowie auf Art und Qualität des Holzes – also die mögliche Nutzung – auswirkt, ist unbekannt. Es lässt sich mit Modellen nur bedingt simulieren. Unbekannt ist auch, ob das Holz später tatsächlich gebraucht wird oder andere Methoden es ersetzen. Entscheidend ist im Moment, dass gerodete Flächen brach liegen und sich langsam regenerieren.

Spätestens hier stellt sich die Sinnfrage nach der Nachhaltigkeit. Das Holz wird über relativ große Strecken befördert – wofür Straßen und Transportmittel erforderlich sind – und wird dann in eigens angelegten Fabriken zu Pellets verarbeitet.

10.10.1 Planung

An den Lagerraum für Pellets im oder beim Gebäude werden einige Forderungen gestellt.

Er sollte einfach mit dem Lkw zu erreichen sein und höhenmäßig in der Ebene des Heizkellers liegen. Es ist zu bedenken, dass die Beschickung zu Zeiten erfolgen kann, die durch Witterungsverhältnisse den Lkw-Transport erschwert.

Die Größe des Raums sollte in Abhängigkeit des Verbrauchs der letzten Jahre einerseits und andererseits auf der Basis neuer Erkenntnisse (z. B. andere Heizkörper, bessere Dämmung usw.) bestimmt werden. Als Überschlag zur Dimensionierung der Größe dienen folgende Anhaltspunkte:

- Raumluft, geschützt gegen Feuchtigkeit
- Beschickung des Brenners
- Entsorgung Asche
- Anordnung des Kamins

Die Abgase werden über einen Kamin abgeleitet, dessen Dimensionierung der Fachplaner mit dem Kaminkehrer abstimmt. Der Brenner und der Kamin unterliegen örtlichen Vorschriften und Wartungsintervallen.

Schnittstelle ist der Kamin, der vorhandene wird unter Umständen umzubauen sein. Die Lagerung der Pellets ist in der Höhenlage an die Kriterien des Bestands gebunden, der Lagerraum zu Brenner bzw. Brennkessel, Kamin, Antransport, Außenlagen.

10.11 Gasheizung und Wasserstoff

Gasheizungen in Neubauten dürfen nur mit Gas betrieben werden, das zu 65 Prozent aus erneuerbaren Stoffen besteht. Verwendet wird z. B. eine Gasmischung aus 35 Prozent flüssigem Erdgas (LNG) und 65 Prozent Wasserstoff. Dies ist nur mit Wasserstoff möglich.

Da diese Art von Wasserstoff augenblicklich im begrenzen Rahmen zur Verfügung steht, hat der Gesetzgeber Fristen vorgegeben, bis wann Gasheizungen in welcher Art (65 Prozent zu 35 Prozent) umzurüsten sind und betrieben werden dürfen.

Das beschriebene Umwandeln schlägt sich im Wirkungsgrad nieder – von der Stromquelle bis zur verbrauchten Kilowattstunde. Die Risiken schlagen sich mittelbar in den Kosten nieder, die indirekt von der Allgemeinheit getragen werden, und den Preisen, welche der Verbraucher zu bezahlen hat.

Das Gasgemisch mit Wasserstoff unterscheidet sich vom Erdgas sowohl in seinen chemischen als auch seinen physikalischen Eigenschaften. Das bedeutet, alle Komponenten der Heizung im Haus sind umzurüsten oder zu erneuern. Das gilt auch für die Betreiber der Netze, die Kosten werden indirekt auf den Verbraucher umgelegt.

Da zum Zeitpunkt des Umstellens die zukünftigen Gegebenheiten und Gaskosten nicht bekannt sind, ist der Bauherr in der Situation, abzuwägen zwischen den Umrüstkosten auf Gas mit anteilig „grünem" Wasserstoff und den damit verbundenen Risiken oder dem Umrüsten auf ein alternatives System, z. B. Wärmepumpe, Fernwärme etc., dessen Umbau- und Betriebskosten er bezogen auf den definierten Zeitpunkt „heute" ermitteln kann.

Kombinationsmöglichkeiten von Gasheizungen mit erneuerbaren Energien sind möglich. Das Klimapaket der Bundesregierung sieht eine Förderung von Gasheizungen nur noch dann vor, wenn sie als Hybridheizungen mit Wärmepumpen oder Solarthermieanlagen kombiniert werden.

10.12 Ölheizung im Bestand

Diese Form des Heizmediums soll bis zum Jahr 2026 ausgetauscht und durch ein anderes ersetzt werden, wobei es Ausnahmeregelungen gibt. Der Betreiber einer solchen Heizung hat also zu überlegen, mit welchem anderen Medium in Zukunft geheizt werden soll. Denkbar sind mehrere Lösungen:

- Einbau einer Gasheizung, wobei auch deren Betrieb zeitlich befristet ist. Da ein Kamin meist vorhanden ist, kann sich ein Umbau auf Gas, das die Forderung nach neuer Energie (65/35) erfüllt, anbieten.
- Anschluss an das Fernwärmenetz.
- Einbau einer Wärmepumpe.

Bei allen Lösungen müssen alle Teile der vorhandenen Ölheizung abgebaut und entsorgt werden. Liegt der Öltank im Erdreich, wird er ausgehoben und die Fläche verfüllt. Wird das Öl in einzelnen Tanks im Keller gelagert, werden sie demontiert, die Schutzwand rundum wird abgebrochen, die Beschichtung von Boden und Wänden abgeschliffen oder abgebrochen. Informationen über den Ausbau geben die örtlichen Behörden.

Eine andere Möglichkeit kann auch das Weiterbetreiben der Ölheizung sein und Hoffen auf eine Ausnahmeregelung sein. Aber auch die Ölpreise werden voraussichtlich ständig ansteigen.

10.13 Solarthermie

Eine Möglichkeit, die Energie des Sonnenlichts zu nutzen, ist die Solarthermie. Da die Dachfläche, bezogen auf Himmelsrichtung und Nachbarbebauung, Bindungen vorgibt, ist die Planung eng verwoben mit dem Nutzen einer Photovoltaikanlage und der geplanten Heizung sowie Warmwasserbereitung. Der Architekt hat mit den Planern für Heizung und Elektroinstallation durchzuspielen, wo die größeren Kostenvorteile – bezogen auf den Istzustand – zu erwarten sind:

- Vergütung für die Einspeisung des Stroms einer PV-Anlage, wobei die Preise, das Entgelt je kWh, vom Markt und von der Politik bestimmt werden.
- Ersparnis bei Heizkosten, hierbei wird zu berücksichtigen sein
  - o das Risiko der steigenden Energiepreise,
  - o eine „Notheizung“ des Wasserkreislaufs in der kalten Jahreszeit ist systembedingt.

Die kaufmännische Amortisation beider Anlagen hat der Bauherr zu bewerten, bei der technischen Amortisation erhält er Unterstützung vom Fachingenieur. Das Risiko der Auswahl und Entscheidung bleibt bei ihm.

Zur Ausführung der Anlage werden auf einer von der Sonne beschienenen, unverschatteten Fläche, meistens dem Dach, Kollektoren verlegt, die schwarze Absorberflächen enthalten. In ihnen zirkuliert Wasser mit Frostschutzmittel. Eine Pumpe treibt den Kreislauf an, das erwärmte Wasser wird in den Warmwasserkreislauf des Heizsystems eingespeist. Zwischengeschaltet ist ein Gasheizkessel, um den Bedarf an warmem Trinkwasser an sonnenarmen Tagen sicherzustellen. Der Fachplaner übernimmt die Dimensionierung der Kollektorenfläche und die Verbindung mit dem Heizkreislauf.

Wegen der Koordination der verschiedenen Gewerke (Dachdecker, Zimmerer, Spengler, Heizungstechniker und andere) ist ein Fachplaner einzuschalten.

10.14 Kommunales Fernwärmenetz

Fernwärme ist eine wirtschaftliche Form des Heizens. Wird bei bestehenden Straßen bzw. Ortsteilen Fernwärme verlegt, kann die Kommune den Anschluss verlangen („Anschlusszwang“). Der Eigentümer wird mit seinem Architekten bzw. Fachingenieur und der Gemeinde den Umbau seines bisherigen Heizsystems planen. Eine Frage wird sein, welche Vorlauftemperatur geliefert wird und ob die Heizkörper bleiben oder mehrere bzw. anders dimensionierte Heizkörper eingebaut werden sollten. Die nächste Frage ist dann, wie kommt die Fernwärme in das Gebäude? Die Verlegung seitens der Kommune erfolgt in der Straße in einer Höhe, die von der Kommune vorgegebenen wird, zumal in der Straße auch andere Leitungen sein können. Geht man von der Frosttiefe – also 80 cm bis 100 cm – aus, wird man den Raum im Untergeschoss und seine Nutzung gedanklich freimachen. Liegt der Bereich im Grundwasserbereich, werden spezielle Dichtungsmanschetten eingebaut. Bei der Neuverlegung ist ein Abgleich von Außenanlagenbauer und Architekt nötig, er plant auch die Lage im Keller mit dem Wanddurchstoßpunkt.

Ein Abgleich der Heizlast erfolgt durch den Fachplaner, er wird auch die Schnittstellen von Rücklauftemperatur und Messung des Verbrauchs prüfen. Der Übergabepunkt der Fernwärme wird mit dem bisherigen Einspeisepunkt des Energieträgers verbunden. Der Kesselraum samt Installation wird auf das System umgerüstet.

Ein Teil der Fernwärme wird durch die Müllverbrennung erzeugt. Der Anteil an erneuerbarer Energie ist dann nachzuweisen, unabhängig davon bleibt die Frage zu klären, was geschieht mit der Restmenge? Auch ist davon auszugehen, dass der Energieträger mit erneuerbaren Energien betrieben wird. Mit dem Lieferanten der Fernwärme ist ein Vertrag zu schließen. Das sind wahre Textmonster, die ein Fachmann erläutern sollte.

10.15 Emissionshandel

Eine andere Lösung, den Ausstoß von CO_2 zu verringern, ist der Emissionshandel. Der Preis für Emissionen wird durch eine öffentliche Institution jährlich festgelegt und der Eigentümer hat die Menge zu kaufen, die sich aus seinem Heizsystem ergibt.

Die Preise für die Emissionen steigen von Jahr zu Jahr und das Zukaufen wird immer teurer, somit wird ein Anreiz geschaffen, die Heizanlage zu erneuern. Der Eigentümer hat also von Jahr zu Jahr abzuwägen, wann eine andere Heizanlage – gleich welcher Art – eingebaut werden sollte. Er ist zwar technikoffen, aber es besteht das Risiko, dass er die Entscheidung ständig vor sich herschiebt, und es ist ein offenes Geheimnis: Keine Entscheidung ist die schlechteste Lösung.

Der Betreiber einer Heizung hat für die kommende Heizperiode im Vorgriff eine bestimmte Menge von Emissionsrechten zu kaufen. Grundlage ist dabei die Aussage seines Heizungslieferanten und seine Risikobereitschaft. Zum Ende der Heizperiode hat er dann den Überblick über die verbrauchten Emissionen. Es können zwei Fälle eintreten:

- Er hat zu viele Rechte geordert und möchte verbleibende Rechte verkaufen, nun muss er dafür einen Käufer suchen, in einer Zeit, wo die Nachfrage verhalten sein wird. Vielleicht ist es möglich, die Rechte für die nächste Heizperiode zu sparen oder mit Verlust zu verkaufen, ein Verfallen lassen käme einem noch höheren Verlust gleich.

- Er hat zu wenig Rechte geordert und muss Rechte nachkaufen, natürlich zu einem Preis, der ihm vom Verkäufer diktiert wird.

Bei beiden Lösungen trägt er das unternehmerische Risiko, das er nur bedingt beeinflussen kann. Sein Vorteil ist, die eingebaute Heizung bleibt erhalten, ist der CO_2-Ausstoß nach Meinung des Eigentümers zu hoch, so kann er einen Umbau ohne Zeitnot veranlassen.

10.16 Contracting

Das Modell Wärmecontracting wird in dem Zusammenhang mit dem Mietwohnungsbau (weniger als sechs Einheiten) erwähnt/angesprochen. Es gibt die Möglichkeit, den gesamten Umbau der Heizung samt Wärmelieferung und Heizkostenabrechnung in die Hand eines Wärmecontractors zu legen. Er tätigt die Ingenieurtätigkeit, den Umbau, den Schriftverkehr mit Behörden und Mietern, ebenso kümmert er sich um die Lieferung der Energie und die Wartung der Anlage.

Der Eigentümer des Gebäudes bezahlt eine monatliche Gebühr und die Kosten der Energielieferung. Sein Vorteil ist der Entfall des Schriftverkehrs mit den Mietern und der sich unter Umständen verhärtenden Diskussion über Kostensteigerungen mit den Mietern. Da der Energieverbrauch (Heizung/Lüftung) sehr eng mit der Gebäudekonstruktion (Wärmedämmung) verbunden ist, wird das Modell beim Umbau mehr der Exot bleiben.

Beim Neubau wird der Contractor einen großen Teil der Architektenleistung übernehmen und damit die Heizart beeinflussen. Der Eigentümer wird die Vor- und Nachteile abwägen, zum Beispiel das Verlagern der Planung und deren Kosten.

11 Die Ausführung allgemein: Das Ziel

Als Grundlage für jede Veränderung am Gebäude ist eine Erfassung des Ist-Zustands notwendig. Dazu gehört auch ein Blick in die Baubeschreibung, denn aus ihr entnimmt der Planer bzw. Handwerker die erforderlichen technischen Beschreibungen und kann somit seine Tätigkeiten besser planen.

Gleichgültig ob „nur" der Einbau einer Wärmepumpe oder die Sanierung des ganzen Gebäudes ansteht, wichtig ist es, das angestrebte Ziel zu beschreiben. Dazu gehört das Auflisten des „Ist"-Stands. Ist man von Dritten abhängig, sollte das ebenfalls erwähnt werden. Angesichts der „Notwendigkeit", umzubauen, die viele Eigentümer betrifft, stellt sich die Frage nach: Wer führt es aus?

Der Mangel an Fachkräften – seien es Ingenieure oder Handwerksbetriebe – sollte nicht abschrecken, denn „Gut Ding will Weile haben". Maßgebend ist eine Planung, von deren Richtigkeit und Sinn beide Seiten (Bauherr und Planer) überzeugt sind. Dies wird in der Baubeschreibung schriftlich fixiert, welche auch zum Prüfen und Vergleichen von Materialbeschreibungen der Hersteller, z. B. in Werbemitteln, herangezogen werden kann. Wird ein Planer eingeschaltet, so ist die Baubeschreibung Grundlage des Leistungsverzeichnisses. Die Auswahl und Beauftragung der Handwerker sind Leistungen des Architekten, im engen Kontakt mit dem Bauherrn.

Nehmen wir als Beispiel den Kauf einer Wärmepumpe auf Basis eines Firmenangebots. Hier werden die Schnittstellen kurz dargestellt:

- Dimensionierung in Bezug auf die Räume
- Dimensionierung in Bezug auf die Leistung des Geräts
- Stromanschluss: Dimensionierung und Abgleich mit Elektroversorgungsunternehmen (EVU)
- Abgleich mit der vorhandenen Installation, z. B. Photovoltaik
- Raum zum Aufstellen, Ab- und Zuluft
- Transport der Geräte

Die Antworten sind aus der Baubeschreibung ablesbar bzw. gehen aus der Gerätebeschreibung hervor.

Es ist verständlich, dass man diese Daten, mit denen von anderen Firmen vergleicht. Wegen der Fachausdrücke und unterschiedlicher Darstellungsweisen ist das nicht immer einfach. Am besten notiert man sich die Erklärungen und die unterschiedlichen Aussagen der einzelnen Anbieter und stellt sie in einer Matrix gegenüber. Hier sollte der Preis erst mal außer Acht bleiben; entscheidend ist erst mal die Technik. Im Hinterkopf sollte man behalten, dass die Erläuterungen den Firmeninteressen der Anbieter entsprechen – eine objektive Herangehensweise ist hier gefragt. Ein Angebot oder Prospekt stellt nur einen (wesentlichen) Teil dar. Nicht oder nur am

Rande erwähnt sind die „bauseitigen Leistungen“, also das, was der Anbieter als gegeben voraussetzt.

Sinnvoll ist allemal das Einschalten eines Fachplaners, der wird dafür Honorar verlangen – übernimmt im Gegenzug die Verantwortung für die Richtigkeit seiner Aussagen.

Bei wichtigen Daten hat es sich bewährt, die „zugesicherten“ Eigenschaften in den Vertrag – und sei es auch nur aus der Produktbeschreibung – aufzunehmen. Dazu gehört auch das Festschreiben von Terminen zur Ausführung und später die Kontrolle der Zeiten. Es kann der Fall eintreten, dass im Zuge der Bearbeitung auffällt, dass Leistungen fehlen und nachträglich zu beauftragen sind, hier wird man mit dem Fachmann prüfen, inwieweit die Leistungen in der Beschreibung erwähnt sind oder im Vorgespräch angesprochen wurden.

Soll der Auftrag nur auf Grundlage eines Angebots der Produktbeschreibung erteilt werden, so steht dort viel Kleingedrucktes, das eigentlich besprochen und verhandelt werden sollte. Je nachdem, wie weit der Entschluss zum Auftrag beim Bauherrn schon gefasst ist, können im Text Formulierungen stehen, die einem gar nicht gefallen oder widersprüchlich sind. Es kann nun der Fall eintreten, dass man feststellt, das diese nicht verhandelbar sind. Nun liegt das weitere Vorgehen in der Risikobereitschaft des Auftraggebers.

12 Zeit- oder Streitachse

Am Beispiel der Inspektion des Heizkessels ist eine Zeitachse gut nachvollziehbar. Man kennt z. B. den Termin, der vom Gesetz für die Änderung der Heizanlage vorgegeben ist. Es wird ein sehr grober Terminplan nach den eigenen Wünschen erstellt, um zu erkennen, wann und von wem mit welcher Tätigkeit begonnen werden muss – so weit die Theorie. In der Praxis ist es komplexer, man wird sich die Hilfe eines Fachmanns holen müssen, denn nur der kennt die einzelnen Abhängigkeiten und die jeweilige Dauer der Tätigkeiten. Aufgrund seiner Erfahrungen und der aktuellen Marktlage kann er beratend einwirken.

Zu bedenken ist dabei: Viele Fragen – gleichgültig, an wen sie gerichtet sind – können nicht sofort beantwortet werden, denn alle Beteiligten benötigen Zeit zum Überlegen. Der Handwerker z. B. hinsichtlich seiner Auslastung, der Schwierigkeit der Ausführung oder der Ernsthaftigkeit bzw. Bonität des Fragenden/Auftraggebers. Erwartet man nur mehr oder weniger unverbindliche Auskünfte, wird die Antwort später kommen bzw. noch länger dauern und hinsichtlich des Materials, Einbaus, Preises und Zeit ebenfalls unverbindlich sein.

Ein anderes Beispiel ist das Erstellen eines Heizkatasters – als Grundlage einer Fernwärmeleitung – durch die Kommunen. Der Termin für die Wärmeplanung (das Heizkataster) für Städte mit mehr als 100.000 Einwohner muss bis Mitte des Jahres 2026 erfolgen, für Städte über 10.000 Einwohner bis spätestens 2028. Ortschaften bzw. Kommunen unter 10.000 Einwohner wird ein vereinfachtes Verfahren mit reduzierten Anforderungen zugestanden. Das bedeutet für viele, dass es frühestens ab 2026 eine Planungssicherheit geben wird. Ein Auftrag bzw. Vertrag kann erst geschlossen werden, wenn der Fachplaner die Möglichkeit hatte, die Daten der Fernwärmeleitung zu prüfen. Bis 2026 (bzw. 2028) haben Kommunen Zeit, ein solches Kataster zu erstellen, und dann festzulegen, ob eine Anschlusspflicht für die Eigentümer besteht. Erst dann hat der Bauherr Planungssicherheit. Liegt für sein Gebäude kein Fernwärmeanschluss vor, ist das weitere Vorgehen im Ermessen des Eigentümers. Da der Stichtag durch das Gesetz länger bekannt ist, könnte der Fall eintreten, dass die Planer keine Kapazitäten frei haben und weitere Verschiebungen eintreten.

Nun wird man mit einem Planer gemeinsam die Suche nach einer wirtschaftlichen Lösung beginnen. Hat man sie gefunden, beginnen die in der Folge beschriebenen zeitlichen Abläufe.

Jetzt beginnt die Tätigkeit vor Ort. Über all den Einzelschritten schwebt die Gefahr der kalten Jahreszeit, in der zum einen die Motivation der Arbeiter geringer ist und zum anderen das Haus kalt bleibt.

Diesem Bauherrenrisiko kann auf drei Wegen begegnet werden:

- man lässt es darauf ankommen,
- man beauftragt ein Provisorium,
- man verschiebt die Arbeiten, bis eine Fernwärmeleitung liegt.

Ein anderes Beispiel sind die Arbeitsschritte vom Entschluss der Heizungssanierung bis zum Beginn der Tätigkeiten – in der Theorie (die Zeiträume gemäß Erfahrung sind in den Klammern eingetragen):

- Formulieren der Aufgabenstellung, z. B. schriftliches Fixieren der eigenen Wünsche (einige Tage, bis mehrere Wochen)

- Suche des Fachplaners, wie Architekt, Ingenieur, Energieberater (Suche im Internet, Empfehlungen von Bekannten, eine Woche)

- Gespräche mit Fachplaner und Fixieren des Auftrags (z. B. gemäß HOAI) (eine Woche)

- Auftrag an Fachplaner mit Eingrenzen der Termine für dessen Leistung (ein Tag)

- Erarbeiten der Ausschreibung (Leistungsverzeichnis) durch den Fachplaner und Zusammenstellung der Bieterliste, Bestimmen des Abgabetermins (2 bis 3 Wochen)

- Versand der Ausschreibung an Bieter (1 Tag)

- Angebotsfrist der Ausschreibung (bis 3 Wochen, abhängig vom Gewerk)

- Nachfragen bei Bietern, die (noch) nicht abgegeben haben (1 Tag)

- Sichten und Auswerten der Angebote (1 Tag)

- Eintragen der Bindefrist der in Frage kommenden Anbieter durch den Fachplaner (1 Tag)

- unter Umständen Gespräche mit in Frage kommenden Bietern (bis 2 oder 3 Tage)

- Auftragserteilung mit Festlegen der endgültigen Termine (1Tag)

- Dispositionszeit des Auftragnehmers (abhängig von Art der Arbeiten, Auslastung des Betriebs)

- Beginn der vertraglichen Tätigkeit vor Ort

Allgemeine Aussagen über die Dauer eines Vorgangs bringen wenig. Bei Zeitabläufen ist die Suche im Internet nicht ergiebig, da hier generell abstrakte – nicht vergleichbare Parameter – einfließen, die im Einzelfall eingetreten sind. Das gilt auch für die Aussagen von Bekannten und Freunden. Im Bau gibt es nichts Vergleichbares und eine Aussage, die vier Jahre zurückliegt, wird nicht belastbar sein, da sich Technik und Gesetze ändern können.

Man benötigt konkrete Aussagen und die wird man erst bekommen, wenn man selbst „harte“ Angaben gemacht hat. Bestimmen wird man den Starttermin, weil man die folgenden Abhängigkeiten kennt. Alles andere ist aber von Parametern abhängig, die nur der Gegenüber kennt, der aber – je nach Komplexität des Vorgangs – sich auch erst erkundigen, also rückfragen muss.

Am Beispiel des Einbaus eines Heizungskessels seien die Abhängigkeiten erklärt. Angenommen wird, dass man sich in der Verhandlung vor Erteilung des Auftrags befindet. Der Handwerker wird überlegen, ob er freies Personal zur Verfügung hat. Sind die nötigen Geräte vorhanden, ist der angefragte Kessel vorrätig und stimmte seine eigene Kalkulation, das heißt, entspricht die Gewinnerwartung der Marktlage oder stehen andere Aufträge ins Haus, bei denen der Handwerker höhere Gewinne erwartet? Ein verantwortungsbewusster Handwerker hat immer einige Angebote parallel laufen, um im Falle eines „Abspringens" eines potenziellen Auftraggebers Stillstand zu vermeiden – die Auslastung seines Betriebs und damit sein Verdienst haben verständlicherweise immer Priorität. Jeder Handwerker ist bemüht, Aufträge zu erhalten, und er kann sein Gegenüber hinsichtlich der Ernsthaftigkeit des Vorhabens nur schwer einschätzen. Er wird sich also vor oder nach dem Gesprächstermin über die Bonität des Auftraggebers Auskünfte einholen.

Sind die geforderten Tätigkeiten abhängig von der Witterung – hauptsächlich von der Temperatur unter 5° C – so wird er deutlich darauf hinweisen, und der Bauherr tut gut daran, entsprechend nachzufassen und die angedeuteten Punkte im Terminplan einzubauen. Das Witterungsrisiko ist Bauherrenrisiko und kein Handwerker wird gegen die Vorschriften handeln. Es kann sinnvoll sein, die Dauer der Leistung sowie auch die Termine, z. B. Beginn und Ende, fest anzusprechen und einzugrenzen, nur sollte man bedenken, dass dann auch die vom Handwerker verlangten Vorleistungen erbracht sein müssen, dies ist schriftlich zu fixieren.

Nach der Unterschrift des Vertrags sind beide Seiten gebunden, das Vereinbarte ist einzuhalten.

Ist man sich einig, wird der Vertrag gemacht. Es werden darin der Beginn und die Dauer der Arbeiten festgeschrieben. Die Daten sind für beide Seiten verbindlich: Der Handwerker kann das Personal einteilen, der Bauherr sein Geld disponieren. Der Bauherr kann nur die vereinbarten Daten in sein Zeitkonzept einfügen und dieses durch neu gewonnene Erkenntnisse überarbeiten.

12.1 Streitachse

Der Begriff „Streitachse" in der Kapitelüberschrift wurde bewusst gewählt, weil an dem Beginn der Arbeiten (dem Zeitpunkt) und der Dauer der Arbeiten vielfach Streitigkeiten entstehen. Es sind im Wesentlichen drei Felder, welche dem Laien nicht sofort einleuchten, auf die man deshalb in den Vorgesprächen eingehen sollte:

Das sind:

• Die Begehbarkeit des Estrichs, z. B. beim Verlegen der Fußbodenheizung. Ist der Estrich verlegt, so muss er geraume Zeit erhärten, während der Dauer darf er nicht betreten werden, sonst bleiben Abdrücke, die vor dem Verlegen des Belags beseitigt werden müssen.

• Beim Aufbringen von Klebern beim Wärmedämmverbundsystem ist in der Zulassung eine Temperatur von mindestens +5° C vorgegeben, und zwar nicht nur für Fläche, die beklebt werden soll, sondern auch für die Umgebungstemperatur.

• Fehlende oder mangelhafte Vorleistungen, wenn der Handwerker mit der Arbeit beginnen möchte. Er erwartet eine freie Fläche auch mit entsprechendem großen Arbeitsraum. Sind diese Punkte nicht gegeben, wird der Handwerker nicht mit der Arbeit beginnen, die Termine verschieben sich.

Wichtig: Verantwortlich für das Einhalten der Termine und die Koordination derselben ist der Fachplaner bei jeder Tätigkeit – wenn er gemäß HOAI beauftragt wurde.

Im Vorfeld können sich bereits Streitigkeiten entzünden:

• Die eigene Familie ist sich uneins über die Ausführungen der Tätigkeiten und trägt den Streit vor Handwerker oder Planer aus. Er wird seine Leistung stoppen, bis der Wille endgültig definiert ist.

• Mit den Planern im Rahmen der Vorgespräche, bei der Auswahl der Bieter. Dies kann ein gefährliches Feld sein. Hat der Bauherr sich auf eine bestimmte Firma festgelegt, die er persönlich kennt, und das ist – nach Meinung des Planers – nicht die optimale Wahl, so ist ein ungutes Klima, z. B. bei technischen Alternativen oder dem Zeitpunkt des Arbeitsbeginns bzw. Dauer, die Folge.

• Mit dem Handwerker, da die Interpretation der Ausschreibung auch Auslegungssache sein kann, die Formulierung des Auftrags und die Zahl der Mitarbeiter vor Ort.

13 Kosten- und Konfliktachse

Zu beachten ist für das Zahlen von Rechnungen oder von Teilen (Raten), dass die eigenen Finanzen im Blick behalten werden, diese entsprechend zu disponieren und bei hohen Beträgen – auch für Überweisungen – die Bank zu informieren. Barzahlungen sind unüblich und bei hohen Summen kann das Thema „Geldwäsche" plötzlich eine Rolle spielen.

So, wie es die oberste Pflicht des beauftragen Ingenieurs, Handwerkers bzw. Firma ist, ihre Leistungen zu erbringen, so ist es die Pflicht des Auftraggebers bzw. Bauherren, die Rechnungen pünktlich zu bezahlen. Es leuchtet ein, dass die Kostenachse mit der Zeitachse eng verbunden ist. Der zeitliche Abschluss einer Leistung gibt dem Planer oder Handwerker das Recht, eine Rechnung zu stellen.

Jedes Angebot einer Firma enthält eine Klausel über die Art der Rechnung und das Bezahlen. Es ist in erster Linie als Vorschlag zu verstehen, man wird zusammen mit dem Fachplaner die vorgegeben Texte, oftmals Standardformulierungen, im Hinblick auf die Zeit durchdenken – die technische Prüfung sollte vorher schon erfolgt sein.

Da es sich meist um hohe Summen handelt, wird man Zwischenrechnungen vereinbaren und an einen für den Bauherrn als Laien nachvollziehbaren Leistungsstand koppeln. Vor dem Bezahlen wird man – mithilfe des Planers – die Korrektheit der geleisteten Tätigkeit prüfen. Falls man nicht einverstanden ist bzw. Mängel erkennbar sind, kann nach Rücksprache ein Teilbetrag (Abschlag) von der Zwischenrechnung einbehalten werden bis zur korrekten Ausführung.

Im Vordergrund stehen dabei die Interessen des Auftraggebers. Wird die komplette Rechnungssumme z. B. bereits bei der Anlieferung verlangt, ist zu überlegen, welcher Aufwand für die Montage/Einbau entsteht, und nach der erfolgten Montage gibt es einen Zeitraum, bis das Gerät in Betrieb genommen wird. Danach folgt ein weiterer Zeitraum, bis man bzw. der Fachingenieur die fehlerfreie Funktion geprüft hat. Die Rechnung ist vollständig bezahlt, aber z. B. die Heizung funktioniert nicht, die Firma hat keine Zeit, alles ordnungsgemäß in Betrieb zu setzen, und draußen wird es bereits Winter. Für die Firma gibt es aktuell keine Notwendigkeit, den Schaden bzw. das Nichtfunktionieren zeitnah zu beheben, da sie bereits über das bezahlte Geld verfügen kann.

Wenn ein für die Funktion erforderlicher Gegenstand – z. B. ein Kessel – vorab eingebaut ist, sollten der Gefahrenübergang, das Eigentumsrecht und der Zahlungsmodus im Vertrag festgelegt werden. Als Hilfestellung dient hierbei die VOB, da in ihr Rechte und Pflichten ausgewogen beschrieben sind. Eng damit verbunden sind Versicherungen, sie dienen dem persönlichen Schutz und dem des Eigentums.

Versetzen wir uns in die Situation des Eigentümers, denn die zu zahlende Summe kann dreimal Missmut auslösen:

1. Bei Unterzeichnung des Vertrags: Es ist immer noch ein ständiges Grübeln, habe ich bzw. der Planer richtig eingekauft, gibt es denn keine Alternativen, wenn schon kein Nachlass, vielleicht noch ein kleines Skonto?

2. Bei Stellung der Rechnung: Sie kommt meist um Wochen oder Monate zeitversetzt. In der Zeit ist man durch neuere (keineswegs richtigere) Informationen auf einem anderen Stand des Wissens, stellt unter Umständen seine Unterschrift infrage, ist aber an den Vertrag gebunden. Jetzt aber ist nach Ansicht des Eigentümers die Zeit, den Bauablauf zu reflektieren, vielleicht Argumente für einen Sondereinbehalt zu suchen.

3. Bei Unterschrift der Zahlungsanweisung: Spätesten jetzt hat man körperliche Schmerzen, das Geld schmilzt dahin, wer weiß, ob ich alles richtig gemacht habe? (Beim Onlinebanking ist der Rückruf von einer versehentlich getätigten Überweisung in Abhängigkeit von der Zeitachse sehr schwierig.)

14 Lüftung

Steigt die Temperatur im Raum über das von uns gewohnte Maß – es liegt je nach Gewohnheit zwischen 18 und 22 Grad –, fühlen wir uns unwohl und suchen nach einer Möglichkeit der Kühlung. Ist es draußen kälter, öffnen wir das Fenster, um die kalte Luft reinzulassen, ist es draußen noch wärmer als drinnen, suchen wir nach einer anderen Möglichkeit, den Raum zu kühlen, z. B. mit einer Klimaanlage. Dabei sollten wir bedenken: Das Kühlen mit Strom bedeutet einen mehrfachen Aufwand als für das Heizen und ist unwirtschaftlich.

Da die Hitze nach oben steigt, ist es unter dem Dach am heißesten. Der Keller, welcher im Erdreich steht, verfügt über nahezu konstante, kühle Temperaturen, die jahreszeitlich bedingt nur um ca. 12° C schwanken können.

Die Art der Lüftung kann auf verschiedene Weisen erfolgen. Die einfachste ist, das Fenster zu öffnen und später wieder zu schließen. Da das Haus aber nicht ständig bewohnt ist und zwischen Feuchtigkeit und Temperatur ein enger Zusammenhang besteht, hat eine gewisse Art von Automatisierung Vorteile. Durchgesetzt haben sich Systeme zur Lüftung über das Fenster. Sie sind in den Fensterrahmen integriert, unabhängig vom Wärme- und Schallschutzgrad. Es ist Sache des Architekten, der zusammen mit dem Fachplaner das für das Gebäude sinnvollste Konzept ausarbeitet und dem Eigentümer unter Darstellung der Vor- und Nachteile (Bau-, Betriebs- und Entsorgungskosten) zur Entscheidung vorlegt. Die Fenster werden dampfdruckdicht in die Wände eingebaut, um Wärmebrücken zu vermeiden. Da diese Systeme in verschiedener Form betätigt werden (z. B. manuell, elektromotorisch, durch Druckunterschied usw.) und bei der Konstruktion der Wände auch der Sonnenschutz zu berücksichtigen ist, hat der Fachplaner die Aufgabe, diese Sachlage im Zusammenhang mit dem Schutz der Wände gegen Hitze mit allen Vor- und Nachteilen darzustellen.

In privaten Räumen können PC, Tablets oder TV-Geräte auch zum Erwärmen des Raums beitragen. In Büroräumen mit großem Anteil an Rechnern achtet der Planer auf die erforderliche Lüftung zum Schutz vor Überhitzung, die Funktionsstörungen zur Folge haben kann.

15 Schutz gegen Einstrahlung/Hitze

Unsere Körpertemperatur pendelt um 37° C, steigt sie an, fühlen wir uns unwohl und suchen nach Abhilfe.

Bei der Hitze gibt es eine unumstößliche Tatsachen: Gegen Kälte kann man heizen, gegen Hitze gibt es keine Möglichkeit, sieht man von einer Klimaanlage ab, diese ist allerdings zu planen und kostet Strom.

Bei Wikipedia wir ein Tag mit über 25° C als Sommertag bezeichnet, mit über 30° C als heißer Tag (Hitzetag, Tropentag) und mit über 35° C als Wüstentag. Die Zahl dieser Tage wird nach den Prognosen über die Klimaerwärmung ansteigen. Sie ist abhängig von der geographischen Lage. Der Planer – meist der Architekt – wird in Zusammenarbeit mit dem Fachplaner die langjährigen Daten beim Wetterdienst anfragen und die Prognosen in seine Ermittlung einarbeiten, das betrifft auch die anderen Themen, wie z. B. Fenster, Wand- und Dachkonstruktion, hier z. B. die Druck- und Sogkräfte.

Unsere ganze Lebensweise und damit auch das Bauen von Gebäuden ist auf den Schutz unseres Lebens gegen die Kälte aufgebaut, die Hitze hat uns wenig gekümmert. Ein Beispiel gibt uns das Auto, in dem eine Heizung unabdingbar ist, aber erst Mitte der 1960er-Jahre kamen in Fahrzeugen der gehobenen Klasse Klimaanlagen zum Einsatz (liegt vielleicht daran, dass die Fahrzeuge windschnittiger wurden und dadurch die Frontfenster immer flacher lagen und damit das Sonnenlicht schneller eindringen konnte und es für den Fahrer unangenehm heiß wurde). Heute sind Fahrzeuge ohne Klimaanlage eher selten. Im Bausektor hat die Regierung in Zeitlupe nachgezogen. Das Bundesministerium für Gesundheit (BMG) hat am 23. Juni 2023 das Impulspapier „Hitzeschutzplan für Gesundheit“ erarbeitet. Ziel ist, Warnung und Reaktion bei Hitzewellen zu verbessern.

Es gibt zwei Bereiche, die den Menschen bei Hitze beeinträchtigen können:

1. Die Außentemperatur:
Im Sommer von kühler Morgenfrische, gemächlich ansteigend bis zur Mittagshitze, nachmittags und abends langsam abflauend oder abrupt abkühlend durch ein herbeigesehntes Gewitter. Mittags, noch mehr gegen Tagesende hin, da kann bei wolkenlosem Himmel die Sonne fast so brutal einstrahlen, dass man in den Schatten oder besser in ein Gebäude flieht. Schutzmaßnahmen gibt es wenige. Oftmals bleibt es nur, schattige Flächen aufzusuchen. Notbehelfe können sein, Wasser zu verspritzen, die Luft in Bewegung zu bringen, z. B. mit einem Fächer, beim Aufenthalt im Freien eine Kopfbedeckung oder einen Sonnenschirm zu verwenden.

2. Die Raumtemperatur:
Hier ist man abhängig von der Dämmung der

Wände und dem U-Wert (Wärmedurchgangskoeffizient) der Fenster. Je besser beides ist, desto mehr wird das Eindringen der Hitze in die Räume verzögert. Es bedeutet im Umkehrschluss, je besser die Dämmung gegen die Hitze bzw. Kälte, desto besser ist der Schutz gegen die Kälte bzw. Hitze.

Die Klimaerwärmung hat noch einen unangenehmen Nebeneffekt, der sich bei der Planung auswirkt. Die Dauer der Hitze am Tag hält an und das Gebäude heizt sich stärker auf, muss also länger gekühlt werden.

Als eine Alternative soll die Klimaanlage erwähnt werden, sie ist allerdings in Verbindung zur Elektroinstallation zu betrachten.

Es gibt zwei Ansatzpunkte, die Einstrahlung von Hitze zu verringern, vermeiden lässt sie sich nicht: die Außenwände und die Innenwände.

Beide Möglichkeiten können bei entsprechender Planung im Bestand angeordnet werden. Den Sonnenschutz wird man immer im Zusammenhang mit den Fenstern sehen und planen.

15.1 Außenwände

Um das Entweichen der Wärme zu unterbinden, wird die Außenwand gedämmt, es geschieht entweder durch besondere Ziegel oder durch das Anbringen eines Wärmedämmverbundsystems (siehe auch Kapitel 9 „Gebäudehülle“).

15.2 Sonnenschutz

Die beste Möglichkeit des Sonnenschutzes ist es, so wenig Strahlen wie möglich in das Gebäude eindringen zu lassen, das ist eine Binsenweisheit, die noch dazu unserem Wunsch nach Licht widerspricht. Da viele Gebäude eine Raumhöhe von etwas über 2,40 Meter haben, staut sich im Raum die Hitze schnell unter der Decke. Es bleibt die Möglichkeit, die Tür oder das Fenster zu öffnen, um ein Durchlüften zu erreichen. Nachteilig sind aber unerwartete Windstöße, die die Öffnung gewaltsam und mit heftigem Geräusch schließen. Dabei können z. B. verglaste Innentüren zu Bruch gehen und man benötigt einen Handwerker.

Große Fenster haben eine große Sonneneinstrahlungsfläche, der U-Wert (Wärmedurchgangskoeffizient, das Maß für den Wärmedurchgang) allein sagt nur bedingt etwas über den Schutz gegen Hitze aus. Am wirkungsvollsten ist ein außen angebrachter Sonnenschutz.

Gegenüberstellung:
Der äußere Sonnenschutz hat Auswirkung auf die Fassade – also auf das Bild des Gebäudes – und greift dadurch in die Konstruktion der Wand ein. Man kann die Arten unterteilen in auskragenden integrierten Sonnenschutz, auch bekannt als Markisen und anliegenden Sonnenschutz, z. B. Rollladen.

Die Unterschiede kurz dargestellt:
Markisen kragen mehr oder weniger weit aus und sind in diesem Zustand empfindlich gegen Windstöße. Ein Schutz durch Windwächter vermeidet das. Die Kräfte, welche von Wind bzw. Sturm beeinflusst werden, werden in die Wand eingeleitet. Der Statiker hat dies zu berücksichtigen. Zu bedenken sind im Betrieb die flatternden Geräusche, und die Abschirmung gegen Hitze ist gering.

Rollläden sind je nach Konstruktion und Material (Kunststoff, Holz, Metall) oberhalb des Fensters in einem großen Rollladenkasten anzuordnen. Entweder in das Fenster integriert oder seitlich in die Wandkonstruktion eingebunden. Der Architekt hat dabei die Aufgabe, die Kältebrücke zu beachten. Auch die Fenster und Rollladenleiste mit einem Wärmeschutzverbundsystem zu verbinden, ist von ihm zu lösen. Die Bedienung manuell oder motorisch erfolgt durch Kurbeln von innen (Achtung Kältebrücke am Durchstoßpunkt). Rollläden bieten eine gewisse Art von Einbruchsschutz sowie einen Sichtschutz. Nachteilig ist die Verringerung der Fensterfläche. Innen ist die Wirkung der Hitzeabschirmung abhängig von der Bedienung. Je früher am Tag die Abschirmung erfolgt, desto wirkungsvoller ist sie.

Vorhänge sind im Inneren des Raumes die übliche Lösung. Die Aufhängung erfolgt an der Decke oder seitlich der Fenster in den Wänden. Zu beachten sind das Gewicht der Bahnen und der Öffnungswinkel der Fensterflügel. Inwieweit damit ein Schutz gegen einstrahlende Hitze erzeugt wird, ist abhängig von dem Abstand des Vorhangs zum Fenster, Material des Vorhangs, der Faltenmenge und dem Zeitpunkt des Vor- bzw. Zuziehens. Je weniger Sonne in den Raum strahlt, desto besser. Die Art bzw. der Grad der Verdunkelung ist vom gewählten Stoff (Material) abhängig

Minirollläden stellen eine andere Lösung dar. „Mini“, weil sie recht dünn sind. Es gibt sie mit Kunststoff- und Aluminiumlamellen. Sie werden am Fensterrahmen angesetzt. Die Bedienung erfolgt mit geknickten Kurbeln. Je nach Stellung der Lamellen ist eine Durchsicht möglich.

Ventilatoren bewegen die Luft und stellen eine weitere Möglichkeit dar. Allerdings verwirbeln sie lediglich die warme bzw. heiße Luft. Durch das Streichen der Luft über die Haut tritt ein Kühleffekt ein. Hier sei auch erwähnt, dass alle elektronischen bzw. elektrischen Geräte im Betrieb heiße Luft ausblasen.

16 Wasser und Starkregen

Die Erfahrungen aus den Hochwasserkatastrophen der vergangenen Jahre, welche eine Folge der Klimaerwärmung sind, hat die Regierung im März 2023 veranlasst, eine nationale Wasserstrategie auszurufen (siehe auch Kapitel „Quellen"). Der Projektant wird diese bei der Planung beachten. Im Wesentlichen können das Starkregen und Überschwemmungen sein.

Der Deutsche Wetterdienst (DWD) verwendet für Starkregen drei Stufen:

- Regenmengen 15 bis 25 l/m^2 in 1 Stunde oder 20 bis 35 l/m^2 in 6 Stunden (Markante Wetterwarnung)
- Regenmengen > 25 bis 40 l/m^2 in 1 Stunde oder > 35 bis 60 l/m^2 in 6 Stunden (Unwetterwarnung)
- Regenmengen > 40 l/m^2 in 1 Stunde oder > 60 l/m^2 in 6 Stunden (Warnung vor extremem Unwetter)

Der Architekt wird sich in einer Hochwassergefahrenkarte über die Lage des Hauses (Flussnähe, Hanglage usw.) informieren. Die Hauseingangstür als tiefster Punkt des Hauses kann mit einem Schottsystem einen gewissen Schutz bieten. Im Keller verhindert eine Rückstauklappe das Eindringen von Wasser aus einem überfluteten öffentlichen Kanal.

16.1 Trink- bzw. Brauchwasser

Unser Wasser kommt im Wesentlichen aus zwei Bereichen:

Grundwasser: Es wird durch Pumpanlagen gefördert und durch versickerndes Regenwasser ergänzt. Bedingt durch die Klimaerwärmung und die erlaubte große Wasserentnahme sinkt in einigen Gegenden der Grundwasserspiegel so stark, dass der Förderaufwand ansteigt, was sich im Wasserpreis niederschlägt. Das derart geförderte Wasser wird in das kommunale Netz eingespeist.

Fluss- oder Seewasser: Es wird gefiltert und in das kommunale Netz eingespeist.

Die Verwendung von Wasser ist in der Trinkwasserverordnung geregelt. Es dient dem Trinken, Zubereiten von Speisen und Getränken, zum Duschen, Baden und zur Körperpflege sowie zum Reinigen des Geschirrs im Spülbecken und in der Spülmaschine. Zur Vermeidung von Legionellen, die Krankheiten übertragen können, wird Wasser in der Heizzentrale auf über 65° C erhitzt.

Es gibt mehrere Arten, Warmwasser für den Sanitärbereich zu erzeugen, die gängigsten sind:

- Zentral in direkter Verbindung mit dem Heizsystem.

- Nutzung der Sonne mit Rohren auf dem Dach (Solarthermie) in Verbindung mit der Heizung.

- Dezentral mit Geräten am Ort des Verbrauchs.

Die entsprechende Lösung sollte in der Gesamtbetrachtung der Überarbeitung des Heizsystems durch Eigentümer, Architekt und Fachplaner erfolgen. Beim Platzbedarf ist zu bedenken, dass die Trinkwasserleitungen zu dämmen sind.

Der Verbrauch von Trinkwasser beträgt etwa 130 Liter je Person und Tag. Eine große Menge wird für Tätigkeiten verwendet, die nicht den hohen gesundheitlichen Ansprüchen genügen müssen. Man denke an das Waschen in der Waschmaschine, Putzen, Toilettenspülung oder Gießen der Blumen, so setzt sich der Gedanke durch, für diese Tätigkeiten Brauchwasser zu verwenden. Im Gebäude bedingt es ein eigenes Leitungssystem, das an den Zapfstellen kenntlich gemacht werden muss. Brauchwasser kann man in einer Zisterne sammeln oder aus einem Brunnen entnehmen (siehe auch Kapitel 19 „Außenanlagen“).

17 Strom

Strom (Elektrizität) als unmittelbare Nutzungsart kann nur durch andere Energieformen erzeugt werden, das sind:

- Sonnenlicht (Photovoltaik)
- Windkraft
- Schwerkraft (Gezeiten, Wasserkraft)
- Kernkraft (sie scheidet aus, da die Probleme beim Umwandeln und Entsorgen zu groß sind und die Bundesregierung das Abschalten der Atomkraftwerke (Stand 2023) angeordnet hat).

Der so erzeugte Strom ist weiterzuleiten, entweder mit hoch über der Erde an Masten hängenden Stromkabeln, wirtschaftlich, jedoch gut sichtbar oder unterirdisch mit großem Platzbedarf und aufwendig. In Umspannwerken wird die Stärke verringert auf das Maß, welches die Industrie und die Haushalte benötigen. Ein anderes Problem ist, dass Strom im industriellen Bereich in großen und im privaten Bereich in geringerer Menge zu unterschiedlichen Zeiten gebraucht wird. Zudem ist noch ein weiteres Problem zu bewältigen, nämlich die Menge beim Abnehmen schwankt ebenso wie beim Erzeugen. Eine Lösungsform in bergigem Gelände sind die Speicherkraftwerke, welche die Schwankungen ausgleichen. Ein anderer Puffer der Stromkapazität ist der Energieverbund mit den europäischen Nachbarn.

Diese Art des Schwankens kann im privaten Bereich jeder nachvollziehen und im geringen Maße steuern. Werden elektronische Zähler zwischengeschaltet, lassen sich die eingeschalteten Verbrauchsstellen erkennen und durch andere ersetzen oder ganz abschalten. Dies geht vielleicht gegen die Gewohnheiten, aber schlägt sich im engen Rahmen in der Rechnung nieder.

Das EVU hat dafür Sorge zu tragen, dass die geforderte Strommenge bereitgestellt wird. Das hört sich einfacher an, als es ist, denn es können Zeiten auftreten, in denen große Menge aus dem Netz abgefordert bzw. abgezogen werden. Man denke an sehr kalte Tage, an denen zusätzlich Spülmaschine, Trockner und der Herd gleichzeitig laufen, vielleicht soll auch noch das Elektroauto aufgeladen werden.

Zusammengefasst lässt sich sagen:
Ein Perpetuum mobile gibt es nicht. Jede Art des Umwandelns greift mehr oder weniger durch den Verbrauch an Land oder einer optischen Beeinträchtigung in unser Leben ein. Sinnvoll ist es, mit jedem Energieverbrauch sparsam zu sein, um die Nachteile, welche bei den Eingriffen entstehen, nicht mehr als erforderlich zu spüren.

Der Bedarf an Strom wird in naher Zukunft ansteigen. Gründe sind:

• langsames großflächiges Umstellen von der Art des Heizens im Wohnraum – z. B. mit Wärmepumpen,
• Anforderung an das Kühlen in sommerlichen Hitzephasen,
• verstärkter Einsatz von Elektrofahrzeugen,
• steigender Bedarf der Anwendung von Daten, wie Computer, virtuellen Medien, Einsatz von Künstlicher Intelligenz (KI),
• verstärkte Erzeugung von Wasserstoff durch Umstellen im industriellen Bereich auf Wasserstoff-Technologie,
• Einsatz von Hochtemperaturprozessen in der Industrie.

Diese Parameter sind vom Staat bzw. von den Ländern und Kommunen zu betrachten, gleichzeitig werden diese Stellen auch die mittelbaren Folgen davon berücksichtigen.

Ohne Strom ist ein Haus nicht bewohnbar. Er wird durch das örtliche Energieversorgungsunternehmen (EVU) geliefert. Zuständig für das Produzieren und das Weiterleiten über das örtliche Versorgungsnetz bis in das Gebäude ist Leistung der Kommune.

Eine wirtschaftliche Art, erzeugten Strom zu speichern, gibt es für einen privaten Verbraucher derzeit noch nicht.

17.1 Stromverbrauch

Um sich ein Bild zu machen, wo überall im Haus Strom verbraucht wird und welche Geräte sich in einem Haushalt befinden, zeigt die nachstehende Liste der gängigsten Geräte. Zu bedenken ist auch: Bei allen Geräten, die Strom verbrauchen, besteht ein unmittelbarer Zusammenhang mit der Temperatur im Raum, denn sie geben im Betrieb Wärme ab.

Unmittelbare Verbraucher im Haushalt:

- Kühlschrank
- Tiefkühltruhe
- Herd
- Mikrowelle
- Eierkocher
- Mixer, Rührgerät (auch wenn sie mit einem Akku laufen, benötigen sie Strom)
- Spül- und Waschmaschine
- Trockner
- TV
- andere Geräte der Unterhaltungselektronik
- Router
- Signalgeber (z. B. Brandmelder)
- Staubsauger
- Leuchtmittel der verschiedenen Lampen
- Lichterketten
- Föhn
- Bügeleisen
- Rasenmäher usw.

Die Geräte, um die Heizung betreiben zu können, werden bei der Thematik Heizung gesondert erfasst bzw. beschrieben (siehe auch Kapitel 10 „Heizungstechniken“).

Der Verbrauch der Geräte ist auf dem Typenschild dargestellt. Ist man der Meinung, dass bestimmte Geräte zu viel Strom „fressen“, wird man die Kosten einer Neuanschaffung – auch einer etwaigen Entsorgung – dem Minderverbrauch an Strom gegenüberstellen. Hier fließt auch ein, wie oft das Gerät verwendet wird und wie lange es dann in Betrieb ist. Ihnen allen ist zu eigen, dass sie selten gleichzeitig in Betrieb sind.

Bei älteren Gebäuden kann der Fall eintreten, dass bei gleichzeitigem Benutzen von „Stromfressern“, wie z. B. Trockner, Staubsauger oder Elektroherd, die Leitungen im Haus überlastet werden und die Sicherung den Stromkreis trennt.

Durch den Einbau eines Stromzählers lässt sich der Stromverbrauch jederzeit und unmittelbar ablesen. Eine gewisse Art der Kontrolle lässt sich mit einer selektierenden Stromzählung ausüben. Hier wird der Verbrauch von Geräten auf einem Display abgelesen. Der Vorteil ist, dass sich damit das Verbrauchsverhalten beeinflussen lässt und „Stromfresser" herausgefunden werden.

Eine Gegenüberstellung der Anschaffungskosten zum Verbrauch ist nur über die unbekannte Restlebensdauer des Gerätes möglich und bleibt ein Risiko des Betreibers. Da man im Regelfall die Kosten je Kilowattstunde kennt, lassen sich auch die monatlichen bzw. jährlichen Gesamtkosten erkennen. Die EDV bietet auch die Möglichkeit, die Daten der vergangenen Zeiträume zum Vergleich zu speichern und später auszuwerten.

Die Daten der Ladestation sind nur für die kWh von Interesse und nicht für die Kosten, da es unterschiedliche Stromanbieter sein können (siehe dazu Abschnitt „Ladestation").

Mittelbare Verbraucher im Haushalt:

- Klimaanlage
- Ventilator
- elektronisches Spielzeug mit Batterien
- Akkus (für Smartphones, Tabletts usw.)
- externe Monitore
- Geräte mit induktiver Aufladung

Sieht man von den Batterien ab, so erfolgen alle Aufladungen an einer Steckdose und fließen somit in den unmittelbaren Verbrauch (des Hauses) ein. Batterien dagegen (von den aufladbaren abgesehen) werden bereits „geladen" gekauft und nach ihrer Verwendung – wenn die Spannung nachlässt – entsorgt. Ähnlich ist es mit den „Einweg-E-Zigaretten". Die Kosten des Verbrauchs sind für den Verbraucher damit unmittelbar erkennbar. Die Kosten für die Erzeugung und Entsorgung werden über den Einkaufspreis bezahlt.

17.2 Direktaufladung mit Tageslicht bzw. Sonnenlicht

Ebenso erwähnt werden sollen Geräte, welche bei Tag mit Sonnen- bzw. Tageslicht direkt aufgeladen werden, um dann bei Dunkelheit einen bestimmten Zeitraum lang zu leuchten. Sie verbrauchen unmittelbar keinen Strom, aber das Herstellen eines solchen Geräts, der Transport in den Handel und das Entsorgen kosten auch Energie – sicher in geringem Maße, aber die Masse machts. Auch bei einer langen Lebensdauer kann es sein, dass man mit dem Gerät nicht mehr zufrieden ist oder doch lieber wieder etwas Neues hätte. Das alte Gerät landet dann im Müll, bestenfalls auf dem Wertstoffhof und damit sind die Vorteile solcher Geräte auch dahin.

Eine gewisse Kontrolle über den Verbrauch an Strom ohne Heizung im eigenen Haushalt gibt die Tabelle auf Seite 64.

17.3 Ladestation

Ladestationen für elektrische betriebene Autos verbrauchen relativ viel Strom. Werden diese am Gebäude aufgeladen – z. B. Wallbox –, so ist mit dem Verkäufer ein gesonderter Vertrag abzuschließen. Die Installation, Bestimmung der Leistung und das Anmelden beim EVU ist Sache eines Fachplaners – auch die Verbindung mit einer Photovoltaikstation. Die „Ladezeit" ist abhängig vom Preis und von dem jeweiligen Vertragspartner. Hier soll erwähnt werden, dass die Infrastruktur des EVUs auf den Verbrauch u. U. erweitert werden muss – es entstehen einmalige Kosten. Bei kleinen Fahrzeugen wie Roller, Pedelec usw. geht der Verbrauch über die Steckdose des Gebäudes.

Hinweis: Die Daten der Tabelle beziehen sich nur auf den Verbrauch im Haus (mit dem Laden der Geräte wie Laptop, Smartphone usw.) Nicht erfasst wird der Verbrauch der Geräte, welche mit auswechselbaren Batterien laufen (Kosten, Kauf, Entsorgung durch Dritte).

Anzahl Personen	**Stromverbrauch pro Jahr in kWh** (zentrale Wasserbereitung)
1 Person	1.800 bis 2.600 kWh pro Jahr
2 Personen	2.500 bis 3.100 kWh pro Jahr
3 Personen	3.000 bis 3.900 kWh pro Jahr
4 Personen	3.500 bis 4.300 kWh pro Jahr
5 Personen	4.000 bis 5.200 kWh pro Jahr

Quelle: Stromspiegel 2022/23 (Stromverbrauch von Kategorie B = niedrig bis D = mittel)

17.4 Lebensdauer bzw. Entsorgung

Bei allen erwähnten Geräten sollte man bedenken, ihre Lebensdauer ist zum einen technisch begrenzt; zum anderen wird sie, bedingt durch die modischen Veränderungen, verkürzt. Die Kosten für Herstellung und Vermarktung bezahlt der Käufer mit dem Preis an der Kasse, das Betreiben – wie erwähnt – mit der Stromrechnung oder dem Kauf der Batterien. Das sind alles Faktoren, die sich im Geldbeutel des Einzelnen mehr oder weniger schnell niederschlagen und zeitversetzt an den Steuerzahler – bei der Entsorgung – weitergereicht werden. Auf vielen Wertstoffhöfen gibt es Sammelgruppen für kleinere und größere Geräte. Die größeren Geräte (Fernseher, Spül- und Waschmaschinen) werden ebenso gesammelt und zum Teil in Drittländer exportiert, in denen der Umweltschutz anders betrachtet wird als in Deutschland.

Für die Batterien hat sich ein System ähnlich dem der Pfandflaschen etabliert. Die Rücknahme erfolgt über den Groß- oder Einzelhandel, das Entsorgen der Kabel und der größeren Geräte (Laptop, Handy, Tablets, Maschinen und Küchengeräte usw.) ist keine Kleinigkeit. Allein in Deutschland sind im Jahr 2021 ca. eine Million Tonnen Elektroaltgeräte angefallen (Quelle: Stiftung Elektro-Altgeräte Regis-ter).

Ein anderes Thema ist die Entsorgung von:

• Elektroautos: Sie bestehen aus Kunststoff, Metall und Verbundstoffen. Hier beginnt sich ein eigener Markt zu entwickeln, in dem die einzelnen Teile zerlegt, dabei das Brauchbare wiederverwendet wird und in den Kreislauf des Materials wieder einfließt oder ordnungsgemäß entsorgt wird. So weit die Theorie. Die Batterien sind im Regelfall noch funktionsfähig. Es gibt Gedankenspiele, daraus Stromspeicher zu machen.

• Pedelec: In den Städten werden turnusmäßig herrenlose Fahrräder eingesammelt, in Hallen verwahrt und nach einiger Zeit versteigert (meist erfolglos) und danach verschrottet. Bei den mit Batterie betrieben Rädern (den Pedelecs) ist es etwas aufwendiger, weil die Batterien meist Sondermüll sind. Die Kosten bleiben an den Kommunen hängen und werden zeitversetzt in Form von Gebühren auf die Bürger umgelegt.

18 Photovoltaik

Naheliegend ist es, die freien Flächen am Gebäude – im Wesentlichen das Dach – zum Gewinnen von Strom zu nutzen. Der Anschluss an das Hausnetz und das Einholen der etwaigen Genehmigungen (z. B. Anmelden beim EVU) ist Leistung eines Fachbetriebs. Ebenso ist es die Leistung des Fachmanns, die Photovoltaikanlage zu projektieren. Er wird die zur Verfügung stehende Fläche ebenso betrachten wie Himmelsrichtung, etwaige Verschattungen und den Wirkungsgrad der Module inkl. Wechselrichter. Die zu erwartende (prognostizierte) Strommenge wird er mit dem Strom abgleichen, den man entweder selbst verbraucht oder an das EVU verkaufen möchte. Man wird zu berücksichtigen haben, dass die Leistung mit den Jahren sinkt und der Spitzenwert (Peak) der Herstellerangaben selten erreicht wird.

Sind die Module schon längere Zeit auf dem Markt, lassen sich Erfahrungswerte anderer Betreiber sammeln. Die Produktionsart der Module ist eine Vertrauensfrage, die Angaben der einzelnen Hersteller sind für den Laien schwer zu vergleichen. Dies gilt ebenso für die Wechselrichter. Bei der Bestimmung der Anzahl und ihrer Anordnung sollte auch bedacht werden, je mehr Module an einem Wechselrichter hängen, desto nachteiliger wirkt sich das beim Ausfall eines Gerätes aus.

Die Module können sich im Betrieb erhitzen und sollten so montiert werden, dass die Luft darüber bzw. darunter zirkulieren kann. Die Grenzen der Temperatur sind in den Herstellerangaben enthalten.

Auch an die Entsorgung ist zu denken. Solarmodule sind schon über zwanzig Jahre auf dem Markt und es liegen Erfahrungswerte vor.

18.1 Übliche Lösungsform – stark geneigtes Dach

Zu beachten sind der Übergang der geneigten Fläche zur Wand, der Dachanfallspunkt, z. B. der Kniestock, er darf meistens wegen des Ortsbilds nicht verändert werden. Der Kaminkehrer ist wegen des Zugangs einzubinden, falls das Heizsystem einen Kamin benötigt. Der Dachdecker wird bei einer Neudeckung den Lattenabstand und die Hinterlüftung des Dachraums prüfen, Sonderziegel bzw. Ausgleichsziegel können nötig werden, Störungen des Dachstuhls durch Kamin, Dachausstieg, Reinigung, Veralgung der Regenrinnen sind zu bedenken, ebenso seitliche Abschlüsse am Rand. Beim Einhängen der Schneefallfanggitter ist auf Schneesackbildung zu achten, der sich aufstaut und die Module verdeckt, Schutz gegen Sog (es hat sich gezeigt, dass die Lastannahmen durch die Klimaveränderung überarbeitert werden müssen) sowieLüftungsziegel.

Bei starkem Schneefall, wenn der Schnee nicht abrutscht und das Modul verdeckt wird, sinkt die Stromausbeute, Wartungsstege sollten so angelegt werden, dass im Ausnahmefall die Dachfläche geräumt werden kann und eine Überlastung vermieden wird.

Sonderform: Bei in das Dach integrierten Modulen (Indachlösung) bilden die Module auch die Dachhaut. Hier ist eine Planung mit Dachdecker, Zimmerer und Mauer unabdingbar. Eine Hinterlüftung unter den Modulen ist zu planen – sie vermeidet den Wärmestau, der die Leistung der Module mindert.

18.2 Übliche Lösungsform – Flachdach

Hier ist es üblich, die Module in Gestellen oder Wannen auf die Dachhaut zu legen. Die Sicherung gegen Sog und angreifende Windkräfte (sie könnten beim „Verschieben“ die empfindliche Dachhaut beschädigen) wird durch das Einlegen von Ballast erreicht. Die Bestimmung der Ballastgewichte sollte ein Statiker vornehmen, durch die sich abzeichnende Klimakatastrophe wird er die von der DIN vorgegebenen Lastannahmen hinterfragen und gegebenfalls erhöhen. Ein Durchstoßen der Dachhaut zur Sogsicherung wird man vermeiden.

Unabhängig von der Anordnung (aufgeständert oder direkt auf der Dachhaut) ist die Revision zu bedenken. Die Erfahrungen der vergangenen Jahre haben gezeigt, dass die Lastannahmen (Sog und Sturm) öfters überschritten wurden.

19 Außenanlagen

Alle, die ein Haus betreten oder verlassen, müssen über einen Eingangs- bzw. Ausgangsbereich gehen, und es werden im Laufe der Jahre sehr viele Personen sein:

- Hausbewohner
- Besucher bzw. Gäste
- Zeitungsausträger, Postbote
- Handwerker usw.

Die erste Orientierung ist die Hausnummer und der Briefkasten mit Namensschild, eine Beleuchtung erleichtert die Suche. Am Zaun werden mitunter Schilder der Versorgungsunternehmen (wie Gas, Wasser, Telefon) angebracht, aus denen kann der Eingeweihte die Lage der unterirdisch verlegten öffentlich Sparten ablesen.

In direkter Nähe zur Straße stehen die Mülltonnen bzw. Container für Restmüll, Biomüll, Verkaufsverpackungs-Abfall (Grüner-Punkt, gelbe Tonne), Papier usw. Die Art und Anzahl der Tonnen bzw. Behälter ist von Kommune zu Kommune unterschiedlich sowie die Methode der Weiterverarbeitung.

Elektroinstallation
Als Einbruchschutz werden vielleicht Strahler angebracht, verbunden mit Bewegungsmeldern. Neben dem Briefkasten kommt die Kamera, um einen „Besucher“ auf dem Bildschirm zu betrachten. Der Weg vom Gartentor bzw. Bürgersteig zum Hauseingang kann beleuchtet sein, auch das Einfahrtstor oder die Garage wird per Motor und elektronischer Steuerung geöffnet. Im Carport oder Geräteschuppen hat man es gerne hell, auch der Ladepunkt für das Auto ist zu planen und mit dem Stromversorger abzustimmen. Will man das Grundwasser mit einer Pumpe nutzen, ist ein elektrischer Anschluss nötig, dies gilt auch für eine Zisterne. Alle diese Kabel führen an eine zentrale Stelle im Gebäude und sollten vor der Witterung geschützt sein.

Ist im Gebäude eine Wärmepumpe, sind deren Ansaug- und Ausblasöffnungen und der Überlauf des Kondenswassers zu berücksichtigen. Werden bei der Heizung Pellets verwendet, so ist die Lage des Lagerraums – der eine Lüftung benötigt – sowie der Transportweg (z. B. Neigung, Entwässerung) zu betrachten.

Bei der Gartengestaltung kann man durch zwei Arten die sommerliche Hitze mildern: zum Beispiel auf sichtbare Steine, die Sonnenlicht reflektieren, verzichten und besser die Wege mit Rasenpflastersteinen ausbilden und zum anderen die Flächen mit schattenwerfenden Pflanzen versehen.

19.1 Bepflanzung der Gebäudewände

Eine weitere Möglichkeit, die sommerliche Hitze zu verringern, wenn auch nur in kleinen Maßen, ist, die Außenwände zu bepflanzen. Eine solche Bepflanzung verbessert auch das Mikroklima. Eine Ausführung ist z. B. möglich mit eigenen Rankgerüsten, die mit der Gebäudekonstruktion verbunden werden. Man kann auch darauf verzichten, Gewächse wie z. B. Efeu verkrallen ihre Wurzeln in der Putzstruktur. Schattenspendende Glyzinien benutzen die Fallrohre der Regenentwässerung als Gerüst. Jedoch besteht die Gefahr, dass das Material eingeschnürt wird, auch versuchen die Wurzeln, in die Regenrinne des Daches zu gelangen, dann besteht die Gefahr des Verstopfens. Eine Wartung bzw. Pflege durch den Gärtner, der dafür evtl. ein Gerüst benötigt, ist unerlässlich.

Im Rahmen der Planung wird man auch die Schnittstellen einer Photovoltaikanlage an den Wänden auf den besonnten Seiten betrachten.

Bei einem entsprechenden Grundwasserpegel kann man in seinem Garten einen Brunnen einbauen. Der Bau ist genehmigungspflichtig, das Wasser ist Brauchwasser und ist entsprechend zu kennzeichnen. Außerdem ist zu bedenken, wo Wasser entnommen wird, muss es auch abfließen können.

20 Abbruch

Jeder Abbruch ist eng verbunden mit den folgenden Begriffen:

Provisorium

An die Witterung ist zu denken. Es ist weniger die Kälte, die beim Abbruch stören kann, sondern auch starker Regen, der in das offene Gebäude eindringt und vom trockenen Mauerwerk/Beton und etwa der Wärmedämmung aufgenommen wird. Notdeckung beim Dach oder Abplanen der offenen Mauerfläche beim Erneuern der Wärmedämmung sind sinnvoll. Es kann z. B. vorkommen, dass die alte Dämmung abgerissen wird und in der Nacht kommt ein Schlagregen, das Mauerwerk ist völlig durchnässt, die endgültige Wärmedämmung kann erst aufgebracht werden, wenn die Fläche wieder richtig trocken ist.

Entsorgung

Alles, was abgebaut wird, ist ordnungsgemäß zu entsorgen (z. B. Asbest.) Alle Stoffe müssen in einen Wertstoffhof zur Weiterverwertung oder endgültigen Entsorgung gebracht werden. Bei einem Verbleib auf dem eigenen Grundstück sollte man sich der Risiken bewusst sein und bedenken, dass der Stoff auf die Nachbargrundstücke ausstrahlen kann. Im Ein- bzw. Mehrfamilienhaus können das sein: Öltanks im Keller und im Erdreich (das Loch ist zu verfüllen), Kamin, Dämmmaterial der Fassaden und Heizleitungen, Bauschutt, Fensterstöcke, Folien, Fußbodenheizung bzw. Rückbau Heizkörper, Rücklaufleitungen.

Zeitachse

Bei allen „Materialien“, die ausgebaut werden und zu entsorgen sind, ist die Dauer bis zur Erteilung der Genehmigung zu prüfen (die beauftragten Unternehmen müssen zum Transport berechtigt sein) und im Terminplan einzutragen. Man sollte das nicht auf die leichte Schulter nehmen, früher wurden Dinge eingebaut, die heute als Sondermüll gelten können, und die Wertstoffhöfe sind aus gutem Grund angehalten, akribisch zu prüfen (z. B. beschichtetes Holz, Bodenbeläge mit Asbestunterlage, Öl).

Gerüst

Mitunter ist für den Abbruch ein Gerüst erforderlich. Es kann je nach Art der Tätigkeit auch eine Vorschrift der Bauberufsgenossenschaft sein. Ist das Gerüst noch für andere Tätigkeiten zu verwenden, so ist das anhand des Terminplans zu prüfen, ebenso welche Kosten für Auf- und Abbau entstehen.

Heizung

Sie kann während des Abbruchs weiterhin für das Wohnen erforderlich sein. Deshalb sollte die Heizung betriebsbereit bleiben.

Es kann der Fall eintreten, dass geplante Bauleistungen auf dem eigenen Grundstück nur über das Nachbargrundstücke erbracht werden können, der Informationsvorlauf und die Planung mit den Nachbarn ist im Terminplan zu erfassen.

21 Wartung, Betrieb, Mangel

In den Thematiken Betrieb, Wartung und Mangel berühren sich mehrere Interessen, nämlich die

- der Technik,
  also die Geräte (Hersteller, Lieferanten),
- des Privatrechts,
  hier die Verträge (Anleitungen, Handbücher, das berühmte Kleingedruckte),
- des Kaufmännischen,
  die Kosten der Geräte und des Verbrauchs.

21.1 Wartung

In den Betriebsanleitungen wird eine Wartung nach einem festgelegten Rhythmus gefordert. Dieser Rhythmus baut auf den (schlechten) Erfahrungen des Herstellers auf und dient der Absicherung seines Risikos. Wirtschaftlicher wäre es, die Wartung nach tatsächlichem Erfordernis auszuführen. Es liegt in der Risikobereitschaft des Eigentümers, die Wartungs-Rhythmen auszudehnen. Tritt ein Schadensfall ein, muss es nicht unbedingt an der fehlenden Wartung liegen. Bei Verschleißteilen wird man nach Alternativen fragen. Sinnvoll kann es sein, vor Vertragsabschluss sowohl mit dem Hersteller (an den im Schadensfall die Kosten weitergereicht werden) wie auch mit dem ausführenden Handwerker zu sprechen.

Bei manchen Teilen (z. B. Kamin) wird das Wartungsintervall vom Gesetzgeber vorgegeben und dokumentiert, hier sind die Aufbewahrungsfristen zu beachten.

Für alle Geräte bzw. Maschinen des Gebäudes sollte man die wichtigsten Daten nicht nur kennen, sondern auch die Abhängigkeiten zu den anderen Bereichen des Gebäudes. Eigentümer und Hausverwaltungen legen sich dazu Ordner an. Das hat den Vorteil, dass man neue Informationen einheften oder einkleben kann. In dem Ordner sind auch die Beschreibungen, Garantieerklärungen, Handbücher usw. eingeheftet. Die andere Möglichkeit ist der elektronische Ordner, in dem alles gespeichert wird. Hier sollte darauf geachtet werden, dass die Daten auch noch nach vielen Jahren verfügbar sind und darauf zugegriffen werden kann.

Ebenfalls von Interesse sollte immer der Verbrauch (prognostiziert und tatsächlich) sein, in kWh, als vergleichbare Größe, sei es Strom, Gas oder Wasser, bezogen auf die vergangenen fünf Jahre, dazu das Datum der letzten Lieferung und die Daten einer gesetzlich geforderten oder auch durch den Lieferanten empfohlenen oder sinnvollen Inspektion. Diese Dinge bzw. Daten sind in den Verträgen, die meist vor langer Zeit geschlossen wurden, fixiert. Ein Vergessen oder Übersehen oder bewusstes Nichteinhalten kann auch juristische Konsequenzen haben (Beispiel Kaminkehrer). Damit verbunden ist auch ein Überschlag der Kosten von Wartungsverträgen und die eventuelle Suche nach Alternativen. Mitunter bieten auch kleinere oder regionale Firmen die gleichen Leistungen an.

21.2 Betrieb

Für das Betreiben eines Gebäudes seien einige Hinweise gestattet. Merksätze für den Betrieb:

- Jedes Geräusch wie Quietschen, hartes Schaben oder Kratzen bedeutet Verschleiß.
- Merkwürdiger Geruch kann ein Indiz auf beginnenden Verschleiß sein.
- Alles, was sich bewegt, verschleißt und nutzt sich ab (unterliegt einer Wartung).
- Jeder übermäßige oder ungewohnte Kraftaufwand (z. B. beim Öffnen und Schließen von Fenstern bzw. Türen) kann auf einen beginnenden Schaden hinweisen.
- Die virtuelle Bedienung (Smart Home) von Rollläden usw. gibt keine Garantie über die tatsächliche erfolgte Leistung.
- Das „Zuknallen" einer Brand- bzw. Feuerschutztür (T30/T90 Tür) durch „zu hart" eingestellte Federn beweist die Funktion, kann aber unerwartete und unerwünschte Folgen im danebenliegenden Bauteil (z. B. Wände, Decken) haben.

21.3 Garantie und Gewährleistung

Entscheidend für die Gewährleistung sind die Fristen, die durch den Gesetzgeber geregelt sind. Besteht das Gerät aus mehreren Elementen bzw. Teilen, die nicht vom selben Hersteller sind, wird der Handwerker sich erst (vor Anerkennung des Mangels) bei seinem Vertragspartner rückversichern, inwieweit die Leistung von jenem übernommen wird. Hier kann eine zeitliche Verzögerung eintreten, weil zum Prüfen auch Zeit benötigt wird. In dem Zeitraum kann der Fall eintreten, dass das Gerät nicht benutzt werden kann bzw. darf, um weitere Schäden zu vermeiden (Beweissicherung).

Voraussetzungen für das Durchsetzen von Ansprüchen sind:

- Abhängigkeit von „fremden" Gewerken klar umreißen (z. B. Auswirkungen auf das Gebäude, die Klimatechnik).

- Wartungshandbücher auf aktuellem Stand mit Einweisung durch Personal des Herstellers, u. U. kundig machen bei Konkurrenz, die Ähnliches in Betrieb hat. Wartungshandbücher nur virtuell vorhanden: Der Kundendienst liest vor Ort aus. Gefahr von „Updates": Das auf dem Bildschirm Abzulesende stimmt mit dem vor Ort Vorgefundenen nicht überein. Es entsteht ein Zeitversatz wegen Unklarheit.

- Vergleichen der Zeiträume der Wartungsintervalle, Dauer der Intervalle vor Ort (in der Zeit läuft so manches nicht) und Kosten.

- Bei neueren Versionen von Geräten Handbücher mit alten Versionen auf Abweichungen vergleichen. Bei den virtuellen Handbüchern sollte der aktuelle Stand am Beginn (z. B. Stand Januar 2020) vermerkt sein.

- Abhängigkeiten bzw. Forderungen durch Gesetzgeber (TÜV usw.).

- Vergleich der Verbrauchsdaten nach geraumer Zeit (meist fünf Jahre) mit den kalkulierten Daten (diese sind u. U. irgendwo festgelegt, so hat man Argumentationshilfen).

Gefahr A: Hersteller baut sich überflüssige Sicherheiten ein, die zu Lasten des Betreibers gehen (Lagerhaltung von Ersatzteilen).

Gefahr B: Hersteller baut überflüssige Teile ein, die den Betrieb stören können und unnötige Verwirrung stiften.

21.4 Erläuterungen zum Betrieb eines Gerätes

Die Abnutzung bzw. der Verschleiß kann durch unterschiedliche Möglichkeiten auftreten:

- die Abnutzung ist unvermeidlich, sie entspricht dem vertragsgemäßen Gebrauch,
- die Abnutzung beruht auf einem Mangel, nun ist der Verursacher zu suchen,
- die Abnutzung beruht auf einem über Gebühr hohen Gebrauch und hätte durch Wartung vermieden werden können (Möglichkeit einer Versicherung gegen Folgeschäden),
- bewusst zeitlich verzögerte Wartung. Inkaufnahme des Risikos (also eine unternehmerische Entscheidung). Folgeschäden sind nur schwer versicherbar.

21.5 Konsequenzen

Für den Notfall kann ein Gerätelager – je nach Anteil der „Maschinen" im Haus – von Vorteil sein.

Lagerhaltung

Gemäß Vorgabe des Herstellers:

- Anforderung: Hier kann der Fall eintreten, dass das Produkt nicht mehr verfügbar ist.

Gemäß Erfahrung des lang bekannten Handwerkers:

- Anforderungen: Hier liegt der Vorteil in der Zeit (das Bauteil ist sofort im Zugriff).
- Kapitalbindung durch herumliegende Ersatzteile.

21.6 Fehlerquellen

Fehlerquellen können in systematischem Auftreten von Fehlern oder durch Fehlbedienungen entstehen.

Mechanischer Bereich/Betrieb:

- Abhängigkeit vom Betriebsstoff (z. B. Notstrom)
- Erschütterungen (durch das Gerät bzw. auf das Gerät)
- Einfluss aus Umgebungstemperatur (überschreiten der Grenzwerte plus/minus)
- Entwicklung von Geräuschen (deutet meist auf Verschleiß hin)
- Entwicklung von Gerüchen

Virtueller Bereich/Betrieb:

- Abhängigkeit IT-Personal
- Magnetfelder
- Überspannungen/Radioaktivität
- Optische Signale

Personeller Bereich/Betrieb:

- bewusstes Abstreiten, weil offensichtlicher Unsinn (Beispiel: Terminpläne mit sinnlosen Abhängigkeiten oder nicht durchführbare technische und zeitliche Abhängigkeiten)
- mit Plattitüden aufgeblähte Texte (Leser fühlt sich nicht ernst genommen)

22 Ingenieur- und Architektenleistung (die Planung)

Zwei Gedanken an den Anfang: „Planen ist ein Versuch, in die Zukunft zu schauen und diese Erkenntnisse in die Wirklichkeit einfließen zu lassen“. Es gibt eine Weisheit, die nicht nur für das Bauen von Häusern gilt: „Lange durchdacht, aber dann schnell entschieden.“

Eine Planung ist eine Art Iterationsverfahren, man überlegt sich Lösungen, von denen man gehört hat und die einem sinnvoll erschienen, notiert sich diese, denkt einige Nächte darüber nach, streicht die unsinnig scheinenden Lösungen durch. Das Gestrichene aber wird beibehalten, um die Gedankengänge nachzuvollziehen und evtl. später zu vertiefen. Hilfreich ist es, die Argumente, die dagegen sprechen, zu notieren, um sie im Lichte neuer Erkenntnisse zu überprüfen.

Nur woher kommen die Informationen? Gespräche mit Freunden und Bekannten sind unterhaltsam, mitunter lustig, Anlass zur Schadenfreude oder echten Bedauerns. Meistens liegen sie zeitlich sehr weit zurück. Gesetze und Technik haben sich geändert oder sie sind kaum vergleichbar, die Kostenangaben werden durch gute Erinnerung verklärt oder durch die schlechte getrübt. Aufpoppende Werbung im Internet beim Abrufen der E-Mails ist wegen reißerischen Aufmachungen ohnehin suspekt. Prospekte aus Zeitschriften sind Werbung und dienen bestenfalls als Gesprächsbeginn.

Weiterhelfen kann ein Gespräch mit einer Fachfirma, nur sollte man sich davon nicht allzu viel versprechen, hier steht der Verkauf eines Produkts im Vordergrund, und geht man zur Konkurrenz, so scheitert man oftmals an der Vergleichbarkeit. Etwaige Kosten dienen bestenfalls zum Eingrenzen der Größenordnung – denn der Gegenüber kennt die örtliche Situation nicht. Aufmerksam sollte man werden, wenn von staatlichen Zuschüssen gesprochen wird. Vorrangig ist die Technik, das andere kann der Verkäufer oftmals nicht beurteilen. Erhält eine Firma einen Vertrag – wobei die Basis seitens der Firma klar umrissen ist – zur Lieferung und Montage einer Wärmepumpe, so sind die Kosten der Planung anteilig im Preis enthalten.

Es kristallisiert sich heraus: Eine Planung ist der Versuch, die technische Entwicklung auf Grundlage der eigenen und der schmerzhaften Erfahrungen anderer – ergänzt um fantasievolle Gedankenspielereien – zu Papier zu bringen. Dabei kann später der Fall eintreten, dass das Unsinnigste und Unvorstellbare plötzlich als verfolgenswert erscheint. Gerade im Bestand treten die wildesten Dinge ein, auf die man sich nicht vorbereiten kann.

22.1 Der Architekt

Da man eine Sanierung meistens mangels Fachwissen nicht selbst ausführen kann, wird man einen Fachmann beauftragen. Es bleibt die Suche nach einem neutralen Berater, das kann der Architekt ebenso sein wie der Energieberater oder ein Ingenieur, der sich auf den Gebieten Heizung und Klimatechnik spezialisiert hat. Der wesentliche Unterschied liegt darin, dass der Architekt gemäß HOAI den Gesamtumfang der Baumaßnahme sieht, die beiden Letztgenannten aber Teilleistungen davon. Damit übernehmen sie eine Haftung für die Richtigkeit ihrer Aussagen, wobei dem Architekten die Koordination der Leistungen obliegt.

Die Tätigkeit des Architekten ist in der Honorarordnung für Architekten und Ingenieure, kurz die HOAI, umrissen. Sinngemäß kann man diese auch für den Energieberater heranziehen. Der Architekt überblickt den gesamten Umfang und berät technikneutral, er kennt den aktuellen Gesetzesstand. In der HOAI ist seine Arbeit recht ausführlich beschrieben. Es gibt eine Unterteilung nach den unterschiedlichen Planungen, Anwendungsbereichen und Schwierigkeitsgraden und Honorartabellen für die Tätigkeiten.

Für die Sanierung eines Gebäudes gilt im Wesentlichen der Teil 1 mit den allgemeinen Vorschriften, z. B. die Nebenkosten. Dann der Teil 3 die Objektplanung – hier der Abschnitt Gebäude und Innenräume und dort im Wesentlichen der Paragraf 36, der sich mit den Umbauten und dem Modernisieren beschäftigt. Der Teil 4 befasst sich mit der technischen Gebäudeausrüstung – also Heizung, Lüftung und Elektroinstallation. Hier wird der Architekt einen Fachmann zu Hilfe nehmen und ihn begleiten, verantwortlich bleibt der Architekt, er haftet auch für die Richtigkeit der Ausführung.

Ist ein Architekt beauftragt, so ist er für den Gesamtumfang der Baumaßnahme verantwortlich. Der Architekt wählt Fachplaner, Handwerker und Fachfirmen zusammen mit dem Bauherrn aus und ist für die terminliche Koordination verantwortlich.

Leistung des Architekten ist auch die Prüfung der Geräuschentwicklung und das Verfolgen der Abluft an der Fassade.

Der Architekt wird die Bestandsunterlagen vom Bauherrn anfordern, auf Vollständigkeit prüfen, aufbereiten und als Dokumentation der Übergabe vorbereiten. Erscheint später ein Plan oder Dokument, das der Architekt berücksichtigen muss, kann eine Verzögerung bis hin zum kurzfristigen Stillstand eintreten. Jede Änderung, jede Verzögerung kostet dann Zeit und damit Geld. Dem Architekten kann man keine Schuld zuweisen, es bleibt das Risiko des Bauherrn. Vom Architekten muss und kann man aber verlangen, dass jener die gesetzlichen Vorgaben ebenso kennt wie die technischen Abläufe und deren zeitliche Abhängigkeiten – dafür erhält er sein Honorar.

22.2 Der Energieberater

Adressen mit dem Leistungsspektrum für Energieberatungen finden sich bei Handwerkskammern, Architekten- und Ingenieurkammern oder man erhält Hinweise aus dem Bekanntenkreis und im Internet. Da man mit dem Energieberater eine enge Verbindung eingeht, die auf dem Vertrauen in seine beruflichen Fähigkeiten, Termintreue und Verschwiegenheit aufbaut, ist es sinnvoll, sich Referenzen der ausgeführten Objekte benennen zu lassen und Erkundigungen der Auftraggeber über die Arbeiten einzuholen.

Sein Leistungsspektrum gleicht dem des Architekten, allerdings liegt sein Schwerpunkt auf dem Thema Heizung/Lüftung – wohingegen sich der Architekt mit der Gebäudekonstruktion und der Außenhaut befasst.

Die wesentlichen Qualifikationen eines Energieberaters (in Anlehnung an die Forderungen der BAFA) sind:

• Personen mit Hochschulabschluss in den Fachrichtungen Architektur, Hochbau, Bauingenieurwesen, Technische Gebäudeausrüstung, Elektrotechnik sowie Energietechnik;

• Personen mit einem Hochschulabschluss in einer anderen technischen oder naturwissenschaftlichen Fachrichtung, wenn ein Ausbildungsschwerpunkt auf einem der vorgenannten Gebiete liegt. Hierzu zählen auch Wirtschaftsingenieure mit einem der genannten Ausbildungsschwerpunkte;

• Personen, die für ein zulassungspflichtiges Bau-, Ausbau- oder anlagentechnisches Gewerbe oder für das Schornsteinfegerwesen mit Eintrag in die Handwerksrolle tätig sind;
– Handwerksmeister der zulassungsfreien Bau-, Ausbau- oder anlagentechnischen Handwerke;

• staatlich anerkannte oder geprüfte Techniker, deren Ausbildungsschwerpunkt auch die Beurteilung der Gebäudehülle, von Heizungs- und Warmwasserbereitungsanlagen oder von Lüftungs- und Klimaanlagen umfasst.

Der Energieberater erhält sein Honorar angelehnt an die HOAI, für die Haftung gilt sinngemäß die HOAI. Honorar und Haftung des Ingenieurs ist in der HOAI definiert.

23 Rechtliches und Zahlungen

Bei allen Gesprächen werden Nettopreise genannt, das heißt, die Mehrwertsteuer ist vom Bauherrn als Endkunde noch zu addieren. Nur in Ausnahmefällen ist von Bruttopreisen die Rede.

Jeder Vertrag, ob mit Handwerker, haustechnischen Anlagen, Installationen, Gemeinde usw., enthält Forderungen, Verpflichtungen, die zu beachten sind. Sie stehen im „Kleingedruckten". Die Ablauf- und Kündigungsfristen wird man notieren. Die Fristen sollten im Zusammenhang mit den Kosten gesehen werden, mitunter ergeben sich daraus Rechte zur Kündigung des Vertrags.

Für sehr viele Verträge gilt die Vertragsfreiheit, das heißt, sie sind verhandelbar. Im „Kleingedruckten" werden die Rechte des Auftragnehmers oder Lieferanten bis zur Grenze des Erlaubten gedehnt. Eine Suche nach Konkurrenzprodukten kann zeitraubend sein, darauf sollte ein verantwortungsvoller Planer hinweisen.

Bei einer Verhandlung kann der Fall eintreten, dass bestimmte Punkte im „Kleingedruckten" dem Bauherrn bzw. dem ihn vertretenden Fachmann nicht gefallen, aber vom potentiellen Auftragnehmer als „nicht verhandelbar" bezeichnet werden. Wenn der Auftragnehmer zum Abschluss kommen will und der Bauherr seinen Zeitdruck nicht zu offen zeigt, lässt sich ein Kompromiss finden; der sollte sofort schriftlich fixiert und von beiden Seiten unterschrieben werden.

23.1 Die Rechnung

Zum Rechtlichen gehört auch die Rechnung. Im Regelfall wird über die Art des Bezahlens bei der Vertragsverhandlung gesprochen. Größere Summen werden in zeitlichen Abschnitten, z. B. nach Baufortschritt oder nach Erreichen eines definierten Ziels (z. B. Einbau von einem relevanten Teil oder bei Inbetriebnahme eines Geräts), als Abschlagszahlungen geleistet.

Wichtig: Ein vereinbartes Zahlungsdatum hat den Nachteil, dass man im Vorfeld nicht weiß, welcher Leistungsstand – der den Rechnungsbetrag rechtfertigt – auf der Baustelle erreicht wurde. Der Bauherr will vermeiden, zu viel zu bezahlen, der Handwerker hat Sorgen, zu wenig zu erhalten bzw. auf sein Geld lange warten zu müssen.

In dem Zusammenhang fallen auch Wort wie Skonto und Nachlass. Der Handwerker ist meist gegenüber seinem Lieferanten gebunden, den Abgleich mit dessen Vertrag hat er vorzunehmen.

Hier gilt es auch auf die Konjunktur und die Lage des Arbeitsmarkts in der Region einzugehen. Das gilt nicht nur für den Handwerker, sondern auch für die nötigen Zukaufsteile.

Wird ein Kessel nicht geliefert, steht unter Umständen der komplette Bau still. Es besteht die Möglichkeit des „Vorab-Einkaufs“ (Vertragsbindung, Kosten bzw. Kapitalbindung).

Wird ein für die Funktion erforderlicher Gegenstand vorab eingebaut, wird man den Gefahrenübergang, Eigentum und den Zahlmodus im Vertrag festlegen. Als Hilfestellung dient hierbei die VOB, da in ihr Rechte und Pflichten ausgewogen beschrieben sind.

Eng mit einem Vertrag verbunden sind Versicherungen, sie dienen dem persönlichen Schutz und dem des Eigentums.

Skonto gewährt ein Auftragnehmer, wenn die Rechnung innerhalb einer festgelegten Frist bezahlt wird. Wird ein **Nachlass** vereinbart, so gilt er für die ganze Rechnungssumme. Ist eine Erweiterung des Vertrags nötig, also ein **Nachtrag**, so gelten die im Hauptvertrag festgelegten Bestimmungen.

24 Zuschüsse und Förderungen

Der finanzielle Aufwand für das Sanieren kann beachtlich sein. Hauseigentümer erhalten unter bestimmten Voraussetzungen Fördermittel, entweder als Darlehen oder als direkten Zuschuss vom Bund, von den Ländern oder den Kommunen. Von manchen Firmen werden Fördermittel für bestimmte Heizformen gewährt, unter ganz bestimmten Voraussetzungen, wie z. B. Verfügbarkeit, Abhängigkeit von Banken, bestimmte Fabrikate, Vertragslaufzeiten usw.

Architekten und Energieberater kennen die Bedingungen und zeitlichen Abläufe sowie die Schnittstellen, nämlich welche Art von Sanierung gefördert oder bezuschusst wird. Manche „Fördertöpfe“ sind zeitlich gedeckelt, andere werden nach dem Datum des Eingangs des Antrags bezahlt (man nennt es das Windhundprinzip).

Der gute Wille zur finanziellen Hilfe ist da, aber die Unterlagen und Anträge dafür sind von Verwaltungsjuristen im besten Amtsdeutsch formuliert und deshalb für den Normalbürger nur schwer verständlich. Hilfestellungen erhält man von Architekten und Energieberatern. Sie haben den Vorteil, dass sie die einzelnen Fördermittel kennen und durch eine Erweiterung der Sanierung nicht nur die Qualität des Gebäudes steigern, sondern auch noch an weitere Förderungen kommen, von denen man bis dahin nichts wusste.

In Zusammenarbeit mit dem Fachplaner wird man die Bindungen, die eingegangen werden, auf Plausibilität und Abhängigkeiten prüfen. Heute vermeintlich geschenktes Geld kann plötzlich teuer werden. Nicht vergessen sollte man, dass eine Auszahlung von Geldmitteln von mehreren Faktoren abhängig ist:

- Dem Bearbeiter, der im Auftrag des Staats den Antrag prüft und freigibt. Die Stellen sind unterbesetzt.

- Der Bank, die das bewilligte Geld auszahlt, die vielleicht auch noch einen Kredit dazu anbieten möchte, denn schließlich lebt sie vom Verleih des Geldes.

25 Anhang

Gebäudeenergiegesetz (GEG)

Neubau
Bauantrag ab dem
1. Januar 2024

Bestand

Im Neubaugebiet
Heizung mit mindestens
65 Prozent
erneuerbaren Energien

Heizung fuktioniert oder lässt sich reparieren
Kein Heizungstausch vorgeschrieben

Außerhalb eines Neubaugebiets
Heizung mit mindestens
65 Prozent
erneuerbaren Energien
frühestens ab **2026**

Heizung ist kaputt – keine Reparatur möglich
Es gelten Übergangsregelungen
www.energiewechsel.de/geg

Quelle Grafikinterpretation: BMWK, Stand 09/2023

BMWK erklärt das Gebäudeenergiegesetz

Das Bundesministerium für Wirtschaft und Klimaschutz (BMWK) erläutert das Gebäudeenergiegesetz auf seiner website unter www.energiewechsel.de wie folgt:*

1. Klimafreundliche Energie für neue Heizungen
Ab 2024 muss jede neu eingebaute Heizung zu 65 Prozent mit Erneuerbaren Energien betrieben werden. In Neubaugebieten gilt dies direkt ab 1. Januar 2024. Für Bestandsgebäude und Neubauten außerhalb von Neubaugebieten gibt es längere Übergangsfristen:

- In Großstädten (mehr als 100.000 Einwohnerinnen und Einwohner) werden klimafreundliche Energien beim Heizungswechsel spätestens nach dem 30. Juni 2026 Pflicht.
- In kleineren Städten ist der 30. Juni 2028 Stichtag. Gibt es in den Kommunen bereits vorab eine Entscheidung zur Gebietsausweisung für zum Beispiel ein Wärmenetz, die einen kommunalen Wärmeplan berücksichtigt, können frühere Fristen greifen.

2. Funktionierende Öl- und Gasheizung
Funktionierende Heizungen können weiter betrieben werden. Dies gilt auch, wenn eine Heizung kaputt geht, aber noch repariert werden kann. Ist eine Reparatur nicht mehr möglich und muss somit eine Erdgas- oder Ölheizung komplett ausgetauscht werden oder über 30 Jahre alt ist (bei einem Konstanttemperatur-Kessel), gibt es Übergangslösungen und mehrjährige Übergangsfristen. In Härtefällen können Eigentümerinnen und Eigentümer von der Pflicht zum Erneuerbaren Heizen befreit werden.

Öl- oder Gasheizungen, die zwischen dem 1. Januar 2024 und bis zum Ablauf der Fristen für die Wärmeplanung eingebaut werden:

Bis zum Ablauf der Fristen für die Wärmeplanung (30. Juni 2026 in Kommunen ab 100.000 Einwohner, 30. Juni 2028 in Kommunen bis 100.000 Einwohner) dürfen weiterhin neue Heizungen eingebaut werden, die mit Öl oder Gas betrieben werden. Allerdings müssen diese ab dem Jahr 2029 einen wachsenden Anteil an Erneuerbaren Energien wie Biogas oder Wasserstoff nutzen:

ab dem Jahr 2029: mindestens 15 Prozent
ab dem Jahr 2035: mindestens 30 Prozent
ab dem Jahr 2040: mindestens 60 Prozent
ab dem Jahr 2045: 100 Prozent

Öl- oder Gasheizungen, die nach dem Ablauf der Fristen für die Wärmeplanung eingebaut werden:

Wichtig: Nach dem Ablauf der Fristen für die Wärmeplanung im Jahr 2026 bzw. im Jahr 2028 können grundsätzlich auch weiterhin Gaskessel eingebaut werden, wenn sie mit 65 Prozent grünen Gasen (Biomethan, oder grünem oder blauem Wasserstoff) betrieben werden. Wird auf der Grundlage der Wärmeplanung ein verbindlicher und von der Bundesnetzagentur genehmigter Fahrplan für den Ausbau oder die Umstellung eines bestehenden Gasnetzes auf Wasserstoff vorgelegt und kann die Gasheizung auf 100 Prozent Wasserstoff umgerüstet werden, kann die Gasheizung noch bis zur Umstellung des Gasnetzes auf Wasserstoff mit bis zu 100 Prozent fossilem Gas betrieben werden. Lässt sich der Anschluss an ein Wasserstoffnetz nicht wie geplant realisieren, muss innerhalb von drei Jahren auf eine Heizung umgerüstet werden, die mindestens zu 65 Prozent mit Erneuerbaren Energien betrieben wird.

3. Förderung durch den Bund
Den Umstieg auf eine Heizung, die mit 65 Prozent Erneuerbaren Energien betrieben wird, fördert der Bund mit verschiedenen Zuschüssen und zinsvergünstigten Krediten. So soll sichergestellt werden, dass sich insbesondere auch Bürgerinnen und Bürger mit unteren und mittleren Einkommen den Umstieg auf klimafreundliche und zukunftsfähige Heizungen leisten können.

4. Schutz für Mieterinnen und Mieter
Mieterinnen und Mieter werden vor hohen Kosten geschützt: Vermietende dürfen zwar künftig bis zu zehn Prozent der Kosten umlegen, wenn sie in eine neue Heizungsanlage investieren beziehungsweise modernisieren. Die Umlage ist jedoch gedeckelt: Die monatliche Kaltmiete darf pro Quadratmeter und Monat um maximal 50 Cent steigen.

Wichtig: Wurde die Modernisierungsmaßnahme vom Bund gefördert, muss die Fördersumme von der gesamten Modernisierungssumme abgezogen werden, bevor die Kosten umgelegt werden.

Was ist eine kommunale Wärmeplanung?
Den Städten und Gemeinden kommt bei der Wärmewende eine entscheidende Rolle zu. Viele Entscheidungen darüber, wie die Wärmeversorgung organisiert wird und wie die Infrastruktur dafür ausgebaut wird, werden vor Ort getroffen. Dafür erstellen die Kommunen sogenannte Wärmeplanungen. Sie stellen beispielsweise dar, ob in einem Gebiet der Anschluss an ein Fernwärmenetz voraussichtlich möglich sein wird, ob die Wärmeversorgung voraussichtlich dezentral erfolgt oder erfolgen wird (beispielsweise durch Wärmepumpen) oder in einem Gebiet gegebenenfalls das Gasnetz vor Ort auf Wasserstoff umgerüstet wird. Auf Basis dieser Informationen können Eigentümerinnen und Eigentümer entscheiden, ob sie das Angebot einer zentralen Wärmeversorgung nutzen wollen oder sich für eine andere technische Lösung entscheiden, wenn sie auf Erneuerbares Heizen umsteigen.

*Stand der Angaben: November 2023

Arten von Wärmepumpen

Je nach Bauart nutzen Wärmepumpen unterschiedliche Wärmequellen. In den meisten Fällen kommen die Wärmequellen Umgebungsluft und Erdreich infrage. Hier werden die verschieden Wärmepumpenarten kurz vorgestellt:

Luft/Wasser-Wärmepumpe
Energie wird der Umgebungsluft entzogen

Luft/Luft-Wärmepumpe
Energie wird der Umgebungsluft entzogen

Wasser/Wasser-Wärmepumpe
Energie wird per Sonde dem Grundwasser entzogen

Sole/Wasser-Wärmepumpe
Energie wird über Erdwärmekollektor oder Erdwärmesonde gewonnen

Öl- und Gasheizungen

Die meisten Wohnungen werden mit Öl und Gas beheizt. Laut der Agentur für Erneuerbare Energien ergibt sich folgender Anteil der Energieträger beim Heizen des Wohnungsbestands von 18,9 Millionen Wohngebäuden (Stand 10/2019):

40,5 % Ergas-Zentralheizung

29,8 % Öl-Zentralheizung

6,6 % Fernwärme

2,8 % Holz-/Pellet-Zentralheizung

2,3 % Wärmepumpe

2,3 % elektrische Speicherheizung

14,6 % Sonstige

Wärmedämmverbundsystem – WDVS

Ein auch nachträglich anzubringender einfacher Schutz gegen die Temperaturunterschiede (Kälte und Hitze) ist das Wärmedämmverbundsystem, hier kurz als WDVS bezeichnet.

Es gibt zwei Materialien, die sich in Brandschutz, Schallschutz und dem Dampfdruckverhalten unterscheiden:

WDVS auf Kunststoffbasis, es ist weit verbreitet – bekannt als Styropor (expandiertes Polystyrol, Kurzbezeichnung EPS). Es ist entflammbar, die harten (steifen) Platten können den Schallschutz verschlechtern und der Wasserdampfdiffusionswiderstand ist hoch. Vereinfacht gesagt, EPS lässt keine Feuchtigkeit durch. Beim in der Zukunft liegenden Abbruch (Rückbau) entstehen Kosten für die Entsorgung.

Die andere Art ist das **WDVS auf mineralischer Basis**, es ist unbrennbar, biegsam und dampfdiffussionsoffen. Beim Abbruch wird die Dämmung behandelt wie Bauschutt. Ein weiterer Unterschied liegt in den Kosten.

Andere Problempunkte, die der Planer betrachten sollte, sind die Anschlüsse an Störungen in der Fläche wie Türen, Fenster, Biegungen, Eckausbildungen, den Dachrändern und deren Aufbau wie unterschiedliche Wandstärken (durch dann verschiedene Dämmstärken).

Die Art des Anbringens ist abhängig vom Material. Es wird geklebt und/oder mechanisch befestigt. Schwachpunkte sind immer die Befestigungsstellen, Unterschiede im Material (z. B. wechselnde Wärmedämmwerte) und die Verankerungsstellen der Gerüste. Sie sind später meist nur schwer erreichbar.

Auf die Wärmedämmung wird ein Beschichtungssystem aufgebracht, mit ihm können Struktur und Farbe der Fläche gestaltet werden.

Bei einer Sanierung ist es Sache des Planers, die möglichen Dämmarten (EPS Kunststoff/ Mineralisch) in Abhängigkeit von Wandaufbau, den Störungen in der Fläche und den örtlichen Gegebenheiten (Gerüststellung, Nachbarsituation) dem Bauherrn technisch und kostenmäßig darzustellen.

Es ist wichtig zu wissen, dass etwaige Verarbeitungsfehler meist nach den ersten Kälteperioden auftreten.

Kontrolllierte Wohnraumlüftung

Bei Neubauten und sanierten Gebäuden entsteht die sogenannte Baufeuchte. Die beim Erstellen des Bauwerks eingebrachte Feuchtigkeit (z. B. von Estrich und Putz) muss ebenso wie die durch das Bewohnen entstehende Feuchtigkeit durch Lüften abgeführt werden.

Die Baufeuchte kann für den ersten Zeitraum – man spricht von etwa 6 bis 12 Monaten – nur durch konsequentes Lüften abgeführt werden. Planer empfehlen auch in dem Zeitraum ein Abrücken der Möbel von der Wand.

Die Luftfeuchtigkeit, welche beim Wohnen entsteht, ist nicht zu unterschätzen. Durch das Atmen, beim Kochen, Waschen mit der Maschine, Blumengießen und anderes mehr wird Feuchtigkeit eingebracht. In den Räumen wird es stickig, es steigt das Bedürfnis, die Fenster zu öffnen und zu lüften.

Dagegen können allerdings subjektive Gründe stehen: Draußen ist es sehr kalt und die teure warme Luft strömt hinaus, also unterlässt man es. Man merkt es dann, wenn die Fenster beschlagen. Im Raum ist es unangenehm stickig. Der Grund ist, dass die Außenwände dampfdiffusionsdicht erstellt sind, und in Neubauten und sanierten Gebäuden wird mit den Fenstern eine kontrollierte Wohnraumlüftung eingebaut. Meist sind Gitter unter den Fensterbänken angeordnet, die manuell oder elektromotorisch steuerbar sind.

Das Problem dabei ist: Viele Bewohner haben das Gefühl, „es zieht“, und setzen die Gitter außer Funktion. Damit werden die theoretischen Gedanken der Planer unterlaufen.

Effizienzhaus

Ein Effizienzhaus definiert den Energiestandard eines Wohngebäudes. Er ist gestaffelt vom Effizienzhaus 40 bis 85. Der Standard ist maßgebend für die staatliche Förderung.

Die staatlichen Zuschüsse der KfW (Kreditanstalt für Wiederaufbau) sind an die Staffelung angelehnt. Der Planer muss in Zusammenarbeit mit Bauherrn, Steuerberater und Bank festlegen, welchen Standard er erreichen will und kann.

In der Erklärung des Begriffs „Effizienzhaus" erscheinen zwei Begriffe, die man kennen sollte:

- Transmissionswärmeverlust
- Primärenergiebedarf

Mit dem sperrigen Begriff **Transmissionswärmeverlust** ist die Wärme gemeint, welche bedingt durch die Bauart des Hauses ständig aus dem Gebäude entweicht und bei tieferen Temperaturen durch „Nachheizen" – nach Bedürfnissen der Bewohner – ausgeglichen wird.

Der **Primärenergiebedarf** ist ein Kennwert, der für die gesetzlichen Vorgaben bei Neubauten und Sanierungen verwendet wird, er ist in der Energieeinsparverordnung festgelegt.

Die KfW definiert das Effizienzhaus wie folgt:

Die Effizienzhaus-Stufe gibt die Klasse der Energieeffizienz an. Die Werte 40 bis 85 definieren die unterschiedlichen Effizienzhaus-Stufen. Je kleiner die Kennzahl ist, desto geringer ist der Energiebedarf der Immobilie. Als Vergleich dient ein Referenzgebäude, das den Vorgaben des Gebäudeenergiegesetzes (GEG) entspricht.

Ein Beispiel: Im Vergleich zum Referenzgebäude des GEG benötigt das Effizienzhaus 55 nur 55 Prozent der Primärenergie. Zudem liegt der Transmissionswärmeverlust bei nur 70 Prozent des Referenzgebäudes. Der bauliche Wärmeschutz ist somit um 30 Prozent besser.

Energieausweis

Es gibt einen Energiebedarfsausweis und einen Energieverbrauchsausweis.

Energiebedarfsausweis: Der Eigentümer erhält beim Abschluss der Sanierung bzw. mit der Übergabe des Neubaus vom Ersteller (Bauträger, Architekt, Verkäufer) des Gebäudes einen Energiebedarfsausweis. Der Eigentümer sollte ihn für den Fall aufbewahren, dass er sein Gebäude verkaufen möchte, denn der Käufer muss ihn zur Dokumentation des Bestands übergeben bekommen. Die Grundlagen des Energiebedarfsausweisses sind die Planunterlagen des Gebäudes mit den energetischen Eigenschaften der Baustoffe. Der Energiebedarfsausweis wird im Zuge des Neubaus – auch bei einer Sanierung – erstellt.

Auf dem Ausweis wird in einem farbigen Band (Grün bis Rot) der berechnete Energiebedarf in kWh je m² und Jahr sowie in Zahlen dargestellt, eine zusätzliche wörtliche Darstellung erleichtert den Vergleich.

Es ist wichtig, zu wissen, dass der Ausweis ausschließlich zum qualitativen Vergleich des Gebäudes mit anderen ähnlich erstellten dient. Er lässt keine Rückschlüsse auf den tatsächlichen Bedarf an Heizenergie zu – dieser ist nur vom individuellen Wohnverhalten abhängig.

Energieverbrauchsausweis: Er stellt den Energieverbrauch dar und dient nur zu Vergleichszwecken.

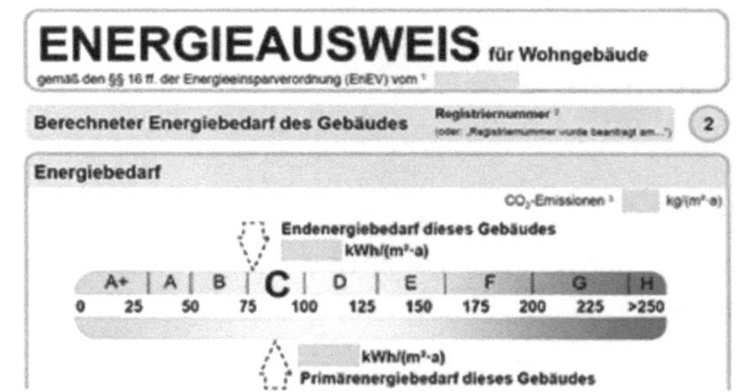

ENERGIEAUSWEIS für Wohngebäude
gemäß den §§ 16 ff. der Energieeinsparverordnung (EnEV) vom [1]

Berechneter Energiebedarf des Gebäudes — Registriernummer [2] (oder: „Registriernummer wurde beantragt am...") — 2

Energiebedarf

CO_2-Emissionen [3] kg/(m²·a)

Endenergiebedarf dieses Gebäudes
kWh/(m²·a)

A+ | A | B | C | D | E | F | G | H
0 25 50 75 100 125 150 175 200 225 >250

kWh/(m²·a)
Primärenergiebedarf dieses Gebäudes

Hinweis:
Das Aussehen des Energiebedarfsausweises und des Energieverbrauchsausweises unterscheiden sich darin, dass beim Energieverbrauchsausweis Seite 2 des Ausweises leer bleibt und beim Energiebedarfsausweise die Seite 3.

26 Quellen

4 Verästelung der Energieträger
https://www.gesetze-im-internet.de/geg/index.html

6 Gebäudearten
https://de.wikipedia.org/wiki/Effizienzhaus

7 Rechtliches zum Bestand
https://de.wikipedia.org/wiki/Vergabe-_und_Vertragsordnung_f%C3%BCr_Bauleistungen

10 Heizungstechniken
https://de.statista.com/statistik/daten/studie/171887/umfrage/bedarfsabhaengige-pelletproduktion-und-inlandsbedarf-in-deutschland/#:~:text=Im%20Jahr%20 2020%2A%20wurden%20in%20Deutschland%20rund%20drei,F%C3%BCgen%20 Sie%20diesen%20Inhalt%20ihren%20 pers%C3%B6nlichen%20Favoriten%20hinzu

www.geothermie.de

https://www.bmbf.de/bmbf/de/forschung/energiewende-und-nachhaltiges-wirtschaften/nationale-wasserstoffstrategie/nationale-wasserstoffstrategie_node.html

https://de.wikipedia.org/wiki/Heizwert
1 rm (Raummeter) waldfrisches Holz (800kg) hat im Mittel 1500 kWh Heizwert (1,9 kWh/kg).
1 rm luftrockenes Holz (420kg) hat im Mittel 1800 kWh Heizwert (4,3 kWh/kg). Aus 10 % höherer Feuchtigkeit folgt etwa 9 % Heizwertminderung.

Heizwerte von Holzpellets und Holzbriketts

Brennstoff	Heizwert je Raummeter	Heizwert je Kilogramm
Holzpellets		4,9 kWh
Holzbriketts		4,9 kWh

Heizwerte von Öl, Gas und Ethanol

Brennstoff	Heizwert je Raummeter	Heizwert je Kilogramm
Heizöl		11,8 kWh
Erdgas		10 kWh
Ethanol		7,4 kWh

https://www.dwd.de/DE/klimaumwelt/klima-webdienste/bodenfeuchteviewer_node.html

https://www.ufz.de/index.php?de=37937
Dürremonitor

https://www.dwd.de/DE/klimaumwelt/klimaatlas/klimaatlas_node.html

https://www.umweltbundesamt.de/daten/klima/der-europaeische-emissionshandel

16 Wasser und Starkregen
https://www.bundesgesundheitsministerium.de/fileadmin/Dateien/3_Downloads/H/Hitzeschutzplan/230727_BMG_Hitzeschutzplan.pdf

https://www.bundesregierung.de/breg-de/aktuelles/hitzeschutz-2198598

17 Strom
https://www.dwd.de/DE/service/lexikon/begriffe/S/Starkregen.html

https://www.dwd.de/DE/service/lexikon/begriffe/S/Starkregen.html

https://www.umweltbundesamt.de/daten/private-haushalte-konsum/wohnen/wassernutzung-privater-haushalte#direkte-und-indirekte-wassernutzung

https://www.haus.de/leben/was-ist-brauchwasser-34151

https://www.umweltbundesamt.de/themen/wasser/wasser-bewirtschaften/nationale-wasserstrategie

https://www.isoe.de/
Institut für sozial-ökologische Forschung (ISOE)

Fraunhofer Institut für Umwelt-Sicherheits- und Energietechnik
https://www.umsicht.fraunhofer.de/

18 Photovoltaik
Hilfe bei Elektroschrott:
Deutsche Umwelthilfe e.V.
Bundesgeschäftsstelle Berlin
https://www.duh.de/home/

https://de.wikipedia.org/wiki/Elektronikschrott

https://www.statistik-bw.de/DatenMelden/Formularservice/33_A_Umrechnungsfaktoren.pdf

https://www.energiesystem-forschung.de/energiesystem/energie_speichern

Stiftung Elektro-Altgeräte Register
https://www.stiftung-ear.de/de/startseite

Landeshauptstadt München
Abfallwirtschaftsbetrieb München
https://www.awm-muenchen.de

https://www.wwf.de/themen-projekte/plastik/plastikmuell-im-meer?msclkid=c9f178bfbf8819f9717f1c60b66246dc&utm_campaign=SG_Plastik&utm_content=Plastik%20im%20Meer&utm_medium=cpc&utm_source=bing&utm_term=plastik%20im%20meer

20 Abbruch
https://www.bmuv.de/download/nationale-wasserstrategie-2023

https://www.umweltbundesamt.de/publikationen/wasserwirtschaft-in-deutschland-grundlagen
https://www.umweltbundesamt.de/themen/wasser/wasser-bewirtschaften/wasserwiederverwendung

BDEW Bundesverband der Energie- und Wasserwirtschaft e. V.
https://www.bdew.de

21 Ingenieur- und Architektenleistung
https://www.bafa.de/SharedDocs/Downloads/DE/Energie/ebw_anforderungen_energieberatungsbericht.html

https://www.hoai.de/hoai/volltext/hoai-2021/

24 Zuschüsse und Förderungen
https://www.kfw.de/inlandsfoerderung/Privatpersonen/Bestandsimmobilien/

https://www.bafa.de/DE/Home/home_node.html
https://www.bafa.de/DE/Energie/Effiziente_Gebaeude/Informationen_fuer_Energieberater/informationen_fuer_energieberater_node.html

https://www.kfw.de/inlandsfoerderung/Privatpersonen/Bestandsimmobilien/

https://www.kfw.de/inlandsfoerderung/Privatpersonen/Bestehende-Immobilie/Zinsvorteil/?kfwmc=vt.sea.bing.SEA_VT_EBS_Energieeffizienzhaus_GC_Fokus.Energieeffizienzhaus_GC_exact.effizienzhaus&wt_cc1=wohnen&wt_cc2=pri|bestandimmobilie&wt_cc3=79096706555872_79096322382319_be_c

https://www.klimaschutz.de/de/foerderung/foerderprogramme/kommunalrichtlinie/erstellung-einer-kommunalen-waermeplanung

Stichwortverzeichnis

Danksagung

Mein besonderer Dank gilt Britta Blottner, für die gute Zusammenarbeit, die wichtigen Hinweise sowie ihr Engagement für das Buch.

Mein Dank gilt ebenso meiner Frau Gabi, die in der sommerlichen Hitze geduldig an meiner Seite stand.

Dieses Buch zeigt anschaulich, wie man die Modernisierung einer Bestandsimmobilie so plant und umsetzt, damit klimaneutrales Wohnen zur Normalität wird. Mit einer gut gedämmten Gebäudehülle und der Nutzung regenerativer Energien beginnt die neue Zeit des Wohnens. Eine Zeit der Behaglichkeit inklusive dem guten Gefühl, das sich einstellt, wenn man etwa mit der Kraft der Sonne das Gebäude beheizt. Außerdem wird mit einer klimaneutralen Modernisierung der Immobilienwert gesteigert. Insgesamt kann die energetische Sanierung des eigenen Hauses allein über eingesparte Heizkosten und Zuschüsse finanziert werden. Dieses Buch erklärt, wie.

In 77 Tagen zum klimaneutralen Zuhause
Ratgeber für die ganzheitliche Modernisierung von massiv gebauten Ein- und Zweifamilienhäusern
ISBN 978-3-89367-160-1

Der Autor zeigt verständlich und anwendungsorientiert, dass Energieeinsparung weder beim Neubau noch bei der Sanierung Einschränkung und Verzicht, sondern Behaglichkeit, Qualitätssteigerung, Werterhaltung und Klimaschutz bedeutet. Dieses Buch ist ein kompetenter Ratgeber, der dem Leser produktneutrale, unabhängige Informationen an die Hand gibt, um bei seinem Bauvorhaben in jeder Phase und für jedes Bauteil die richtige Entscheidung im Sinne eines energieeffizienten Gebäudes treffen zu können.

Energiesparendes Bauen und Sanieren
Neutrale Fachinformationen für mehr Energieeffizienz
ISBN 978-3-89367-164-9

REDESIGN
Verliebt in mein Zuhause
Einfach neu gestalten mit vorhandenen Möbeln und Accessoires
ISBN 978-3-89367-152-6

Wohlfühlfaktor Farbe
Verliebt in mein Zuhause
Ein Praxishandbuch für die Gestaltung in Deinem Zuhause
ISBN 978-3-89367-161-8

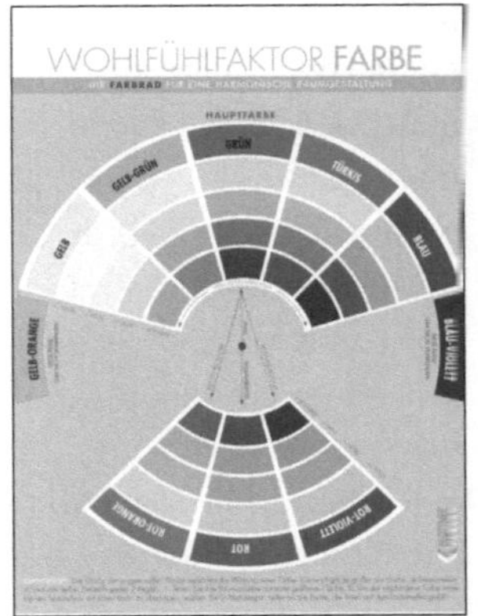

Das FARBRAD
Passende Farbkombinationen leicht erkennen
ISBN 978-3-89367-148-9

Home Staging
Wie man Menschen in Immobilien verliebt
Praxishandbuch für Verkäufer von Immobilien
ISBN 978-3-89367-157-1

Wohnpsychologie für die Praxis
Wie aus Räumen ein Zuhause wird
ISBN 978-3-89367-159-5

Wohnen für Hochsensible
Dein harmonisches Zuhause
ISBN 978-3-89367-162-5

Blottner Verlag · www.blottner.de